勅使川原 真衣

格差の“格”ってなんですか？

無自覚な能力主義と特権性

朝日新聞出版

プロローグ ——岐路に立つ人へ

立ち止まれない人々

本書は、初作である『「能力」の生きづらさをほぐす』[1]上梓後の2023年6月～2024年7月、朝日新聞デジタルの言論サイト「Re:Ron《リロン》」へ寄稿した「『よりよい社会』と言うならば」と題した論稿をもとに、書き下ろした短編集です。

「よりよい社会」のために／「自己肯定感」が低すぎて／「成長」しないと／これからは「自己責任」／「リスキリング」しないと生き残れない／「対話」が足りない……などというのはもうお腹いっぱいだ、と述べてきました。現状の私たちは何かが

1. どく社　2022年

欠乏・欠落した、取るに足らない存在だから、「新しい」能力やらタイパやら対話やらが必要――といったよくある「正論」に疑義を呈してきた連載とも言えます。

そして、「よりよい社会」なんて言いながら、実際には選別的、排他的で失敗を許さない社会、一部の人の特権を維持継続していくシステムが強化されていないか？　我々が向かっている方向については今こそ立ち止まって点検し、必要あらば勇気をもって、後戻りや方向転換をすべきではないか？　と迫ってきました。

なぜこんなにしつこく、問うたのでしょうか。それは社会の潮流を眺めるに、思いのほか「あぁ、立ち止まれないのだなぁ」「これも看過するのね……」と思わされることが山ほどあるからです。

ではなぜ、立ち止まれないのでしょうか。これだけ成熟した知識社会にあるのに、なぜ。

それは、「岐路」に気づかないからだと、私は考えています。

大切な分かれ道に「今ここが岐路！　スルー厳禁！」などと看板でもついていればいいのですが、現実には不可視の存在。「岐路」というのは、あとから考えると明確にそこにあったのに、そのときそのときには気づけないことが多い。だから、思慮深く、慎み深く「よりよい社会」を考えるならば、見えない「岐路」への感度を上げていく作業に、ある種の希望があるのではないか。そんなことを、自身の学問的、職業的経験、ならびに今も続く闘病経験から思うのです。

擬態する岐路

他方で、岐路？　自分には関係がないな、と本を閉じたくなった方もいらっしゃるかもしれません。ちょっとだけ待ってください。

無縁な人はいないと考えます。耳元でわかるようなわからないようなことばばかりささやかれているうちに、岐路を見えにくくされてしまっただけではないか、と。

✔あなたなんて大したことない
✔そんなだからあの人のほうがいつも……
✔もっとこうしないとろくな……
✔どうせ何やってもこの世は不条理だから

聞き覚えのある、アドバイスであり、説教であり、ネガティブフィードバックであり、はたまたある種の呪い。

もっともらしく、誰かがあなたにこれらを説くとき、岐路は擬態している。私はそう考えるのです。

そうして、自分と社会のありようとの間には、ほつれた糸しかない、自分ができることなんてたかが知れている……と無力感を内面化してしまうのではないでしょうか。

ですが、私は諦めたくありません。擬態した岐路に気づく練習を、運よく積んできました。こんなステップを踏む、泥臭いやり方ですが。

✔違和感をなかったことにしないこと
✔未来のために、現状を問い直すこと
✔それを発信し、議論すること
✔それが仮にもできるなら、その特権性に自覚的であること
✔一連の恩恵を、口を塞がれ、光が当たらない人のために還元すること

岐路に気づくこととは、「すでにあること」「ありもの」へ光を当てること。自身や周りにジャッジメンタルな（良し悪しを二元論的に決めつけようとする）目線を向けないことから始まります。そして、「知っている」を超えて「わかる」こと、上原専禄《うえはらせんろく》のことばで言えば、「自分が変わる」というのは、どういうことか？　について著そうとしています。

岐路に気づき、「自分」を生きる20の問い

繰り返しますが、何かが欠乏しているがゆえに現況の困難があると、私は思いません。すでにあることに気づかない／なかったことにしてわかった気になり、「正解」を探し彷徨《さまよ》いつづけていることが苦しいのだと考えています。

だから、誰しも「自分」を生きる、ないしは生き直すことの転機というのは、絶えず訪れているのだと、思い至るのです。機が熟したらとか、偉くなったらとか、そんなことではなく、今ここに、在り方が問われているわけです。

これから論じる20の概念。これらを問い直すことが、なぜ「自分」を生きることにつながるのか？　理屈とあわせてお話ししてみます。

よくよく考えるとツッコミどころ多きこれらの概念が、社会的強者の側から支持さ

れつづける背景、巧みに規範化していくメカニズムにも言及していくことになりましょう。

そして、意図的に、口を塞がれてきた人の存在、生き合えばいいだけなのに、生き抜くこと（＝競争社会）を決してやめない人たちの姿をも浮き彫りにします。

……なんて、糾弾する時間も意図もありません。

今、動くことができ、口を開くことのできる人はその幸運さに感謝して、不運が訪れている人のために、動きたいのです。ひたむきな人の営為を無下《むげ》にしない社会の足掛かりをほんのわずかでも見つけたいと思います。ともに早速、まいりましょう。

勅使川原 真衣

目次

第4章 自己肯定感――自信を持てるように頑張ろう？　46

第5章 矛盾――ヒューマニティを取っ払う先　62

第6章 ガチャ――確約は正義なのか？　69

第7章 つぶしが利く――汎用化が孕む凡庸化リスク　77

カバーデザイン――杉山健太郎
図版デザイン――朝日新聞メディアプロダクション
校閲・校正――くすのき舎
編集協力――朝日新聞　Re:Ron編集部

第1章　分ける、分《わ》かる、分け合う——違和感との出会い

ご意見番現る？

またChatGPTの話かと、思われるかもしれない。この原稿を書く前に私も「日本社会において、今こそ問い直しが必要なのはどのような課題でしょうか？」と聞いてみた。なぜか敬語になってしまうあたりが、我ながら昭和生まれ感がある。

事実確認は別途要する内容だが、２秒もあればそれっぽい体裁をした「こたえ」が出てきた。私たちはずいぶんと手軽なご意見番を得たのかもしれない。ちなみに先の問いへの回答はこう締めくくられていた。

「これらは一部の問題であり……（略）……これらの問題に対処するためには、政策

の改革や社会的な意識の変革が必要とされます」

「だよね」。思わず口にしてしまう。

同じようなことを感じている人は他にもいるようで、テレビである人が〝どうしたらパートナーにも家事をしてもらえるか?〟という相談をChatGPTにしていた。その返答も「男女雇用機会均等法により……適切な家事の分担は……」うんぬんといわゆる正論そのもので、質問者も「うちの人に正論を言ってもなぁ……まいったな」などと頭をポリポリかいていた。

ファスト化する「わかる」

ChatGPTはまだまだですね、なんて言いたいわけではもちろんない。この技術革新によって私たちは何となくでも、「わかる」という感覚を格段に得やすくなったとは言えそうだ。

何より、ルール整備は待たれるにせよ、久々に大の大人たちがワクワクしている様子も新鮮だ。

私はというと、教育社会学を修め、組織人事が専門で、ＡＩはまさに門外漢……。だがそんな自分ですら、面白いことになってきたなぁと思う。あたりをつけるための軽い調べものも格段に楽になったし、ありがたい。

ただ同時に、今こそ、いろんな方々の経験や英知を持ち寄って、問い直してみたいと思うことが次々と浮かんでくる。

いわば、「わかる」が「ファスト化」する今こそ、「立ち止まり」、「わかる」とは何か――もっと言えば、〝私たちは、何をどうすることで「わかった」と思い、「わかった」うえで、何をしようとしているのか？〟――このくらい根源的なことも臆せず考えてみたい。

なぜなら、あまりにこの「分けて」「わかった」気になり、「分け合い」（配分）を決めることが、社会において所与のものかのごとく居座り、ひいては、連帯ではなく分断を引き起こしていると思えてならないためだ。

……と、その前に。視点のイメージがつくよう、ここらで自己紹介したほうがよさそうだ。私は修士課程で苅谷剛彦《かりやたけひこ》氏に師事して教育社会学を学び、「能力」という概念そのものや「能力主義」をいぶかしんできた。修了後はあえて、「能力」を巧みに商品化していく「人材開発」「能力開発」業界で経験を積むなかで、このような思いを日々募らせた――。

こんなに競争を続けないといけない世の中。「よりよい社会」や「やさしい社会」は名ばかりで、むしろ、よくしようとして悪くなっていないだろうか？

ちなみに教育社会学と「人材・能力開発」業界の共通点は、「能力」というキーワードだけではない。両者ともに実は、

✔人が人のことを「わかる（理解・把握する）」とはどういうことか？

✔どう「分ける（分類・区分する）」ことが「わかる」ためには適切で、その結果いかに、限りある資源を「分け合って」生きるべきか？

といった、先に挙げたような懸念をどんぴしゃで、探究テーマにしてきたわけだ。教育社会学的に言えば、「達成」「配分」の研究であり、企業の経営・組織論で言えば、「評価」「処遇」と呼ばれる分野の話だ。お金も土地も食糧も、何もかも無尽蔵にあるならば、欲しがるだけみんなに大盤振る舞いしたいところだが、そうはいかない。

どうしたってもらいの多寡は生まれるものだ。

よって、納得感の高そうな論理をこしらえて、個人を振り「分け」、それによってモノやカネを「分け合う」ことは、国にせよ企業にせよ、秩序形成に不可欠というわけだ。

そんなことを学び、また、企業とともに組織開発者として仕事にあたってきたため、私が「よりよい社会」とは？　などと意気込む際には、「分ける」「わかる」「分け合う」の三拍子が密接に絡むのだ。

ところで、人が人のことを「わかる」ために「分ける」、という論理。これはいささか意外に思った方もいらっしゃるかもしれない。一説によると「わかる」の語源は「分ける」だとも言うが、詳しくは知らない。ただ確かに、「分類（分ける）」することで、その対象のえたいの知れなさが軽減する経験は、誰しもあるのではないだろうか。

都心のど真ん中で、闇夜に電線の上を高速で移動する生き物を目撃したとする。ネコでもない、タヌキでもない、アライグマでもない。「え!?　今動いたのって何!?」と一瞬たじろぐのだが、「あぁ、あれはハクビシンだよ」と誰かに言ってもらえれば

「なんだ、そうか」となる（ハクビシンなんて毎日見ているけど？　という方は、初めてその生物が何かを知った日のことを思い浮かべるとよいかもしれない）。

えたいの知れなさというのはいつだって不気味なものだが、「分ける」とがぜん、「分かった（把握できた）」感が生まれる。

ただし、何でもかんでも「分ければ分かる」わけではない。「区分」「分別」のラベル次第では、「分かる」以上の展開も引き寄せる。

たとえば、先の話を「あぁ、あれはハクビシンという、害獣だよ害獣」と言ったらどうだろう。害獣と分類した間に、駆除という「排除」が許されることになろう。

「分断」と紙一重

つまり、「分かる」ために「分けて」いく私たちだが、それは思いの外、「分断」と呼ばれる状態と地続きであるということだ。このことは頭の片隅にあってもよいはずだ。

「よりよい社会」を目指そう！　というのは掛け値なしにすばらしいことだ。目指すに越したことはない。だが、「わかる」とは案外、「分ける」ことと不可分だ。そして さらに、どう「分け」られたかが、「分け合い」に多分に影響する。

うまいこと多くの人々を笑顔にするような「分かち合い」になることもあれば、ただただ「分断」を生むこともある。だから、ChatGPT一つにしても、動画を2倍速で見るにしても、昨今のタイパ社会には、「はやくわかる」という欲求を満たそうという傾向がありそうだが、「わかる」以前に、「分ける」があり、またその先に「分け合う」という社会の最重要な掟と地続きなことにも思いをはせたい。

じゃあ、どうすればいいのさ？　そんな声も聞こえてくる。私たちはどう「分け合」って生きるべきか。そのために何をどう「分け」、「わかる」必要があるのか。具体的、実践的な方策は出せていないのが現在地と言わざるを得ない。

ただ、「よりよい社会」を目指すとしているものの、今後も悪くなっていきかねない指針が、残念ながら散見されていることは明らかだ。

たとえば、2023年当時の岸田内閣の「新しい資本主義」では「成長と分配の好循環」を掲げる。しかし、内閣発足時点にそう打ち出されたものは、同年6月にまとまった実行計画改定版ではしれっと、「分配」が目立たなくされている。

一方、政府は「成長」のためにはさらなる「能力」獲得が必要だと説いたり、「新しい時代」の「新しい能力」と言ったりし、メディアでは「リスキリング」を「生き残り」ということばと合わせて連呼したりして、人々の危機感を煽るようなことも、依然として続いている。

こうして政府がある方向で旗を振ると、「能力開発」「人材開発」業界は、渡りに船とばかりに、その「能力」が獲得できることをうたう商品をこぞって売る。「能力」商品の多くは、数値化して測定可能を装い、それゆえ他者との比較も一目瞭然だ。得点次第で評価、処遇されていくから、当然、よりよい地位や報酬を求めて「競争」が繰り広げられる。学校を卒業して就職してからも続く「競争」。私たちはいつまで競り続けるのだろう。

「よりよい社会」に生きたい。そう素朴に、熱く願うからこそ、冷静に、「分ける」「わかる」「分け合う」が織りなす深み、重み、厚みのいずれも俎上《そじょう》に載せておかねばならない。子どもの自殺者数が過去最多というニュースなどを聞くと、胸が痛い。いよいよ待ったなしで、「社会をよくしようとして、悪くなっていないか?」と問い、再考すべきときがきたと身が引き締まる。

楽な人生なんてそうないのだろうが、未来の人たちに、少しでも、生きる甲斐《かい》のある社会を残したい。よくしようとしたはずが、裏目に出てしまっている社会システムがあるならば、変える責務が我々にはある。


ところで、「いつもご機嫌」などが望ましい人間像と流布される社会にあって、この人は何を一体鼻息を荒らげているのだ……と思った方もいらっしゃるかもしれない。私事ながら一応事情がある。進行がんの闘病中で、まだ幼い子どもたちを残してこの世を去る覚悟をしながら、執筆している。社会のかじ取りも待ったなしだが、私という存在も待ったなしなのだ。

だから、「タイパ」を意識して(!)、あえて、社会をよくしようと使われる、えりすぐりの啓蒙《けいもう》的なことばの数々を次章以降、扱っていく。そしてそのことばが、人をどう「分け」、私たちを「わかった」気にさせ、「分け合う」論理に納得感を持たせるのか? 精査していきたい。

「分ける」「わかる」「分け合う」を考えると、「平等」とは何かや、「豊かさ」、はたまたその前提となる人間観、労働観などにも深く触れていくことになる。「個人」「自立」とは何か、「競争」「自己責任」「しあわせ」とは何か、までも絡む。

問い尽くしているか？

「こたえ」を探そうとすると、危うい。「正しさ」は文脈依存的だし、十中八九、誰もが自分は「正しい」と思って生きているはずだ。だから、問うべきは「これは正しいのか？」でも「あなたは正しいのですか？」でも、「誰が間違っていますか？」でもないのだ。

そうではなく、私はこう、自分に問いかける。

「問い尽くしているか？」と。

本書のメインクエスチョンも同様である。

刻一刻と移ろう社会において、何が「正しい」かは微妙なところだが、こう問うことには際限がないはずだ。

何かを「分けて」「わかった」気になり、「分け合い」をもっともらしく決めているが、私たちは何を「分け」、「分け」られているのだろうか?

(2023年6月19日公開)

第2章　格——の差？

「格」が気になる私たち

○○の品格、という本が売れたり、「（芸能人）格付け～」というテレビ番組が人気だったり。所得格差、教育格差、体験格差、格差婚などということばに至るまで、「格」ということばは、なかなかに市民権を得たことばである。

先に述べたとおり、私は教育格差研究を主流とするアカデミアに属していたバックグラウンドがあるため、その文脈での「格差」ということばには、馴染みのあるほうだと自認する。

しかし、だ。研究に馴染みはあれど、違和感もある。

間違いなく「差（分）」の話ではあるが、果たしてその「差」とは、

✔「格」の違いなのか？

という点については、慎重であろうとしている。これについて本章では、格差論の系譜をさらりとたどりつつ、思うところを著したい。

階級と無縁と思われた日本社会の盲点

私の指導教官だった苅谷剛彦氏が『大衆教育社会のゆくえ――学歴主義と平等神話の戦後史』[2]で、須《すべから》く公教育が発展した日本において、機会の平等が、結果の不平等を覆い隠したことが、教育格差の再生産を招いていることを指摘したのは、1995年のことだ。その後、橘木《たちばなき》俊詔《としあき》氏が『日本の経済格差――所得と資産から考える――』[3]で高度経済成長期には「一億総中流」ということばで描写された日本社会が、バブル崩壊後の経済不況により、所得格差が拡大していることを指摘した。さらに後に、佐《さ》

2. 中公新書 1995年
3. 岩波新書 1998年

藤俊樹《とうとしき》氏の『不平等社会日本――さよなら総中流』[4]も、経済的不平等のみならず、教育や雇用、地域間の不平等に焦点を当て、社会階層再生産のメカニズムを実証した。要するに、経済格差の話は、社会経済システムに明るい経済学者ないしは、社会学者たちによって、実証的に、かつセンセーショナルな形で問題提起がなされてきた。

格差研究のメインクエスチョンについて、平たく言うと、

✔限りある資源の「分け合い」において、優位な人と／不利な状況の人とは、何が違うのか？

ということだ。至極単純なわりに、あえてことばにするとけっこうエグいのだが。

この問いを、その人の学歴や、はたまた育った家庭の文化資本、親の世帯年収など……で「分け」て、その差分を生じさせるメカニズムを後追いしようとするのが、格差研究というわけだ。「年収」を被説明変数とし学歴や親の世帯所得、文化資本を探る質問項目などを説明変数として配し、重回帰分析（複数の説明変数が被説明変数にど

4．中公新書　2000年

のくらい影響を与えているかを分析する統計手法のこと）するといった具合だ。

言うまでもなく、社会に抗《あらが》い難き、「分け合い」の差があるのなら、そのメカニズムの解明は最重要課題の一つだ。こと、今の生活に余裕がある人／余裕なく、生きることそのものが脅かされた状態にある人との差が往々にして、本人の努力の問題とされてきた背景がある社会においては特に。

経済的に困窮して大変、と言っても、それは正直言って「自業自得」、「自己責任」なのではないか。逆に今余裕綽々《しゃくしゃく》の人は、やはり頑張ったご褒美なのではないか。──今となっては稚拙な響きだが、そう社会が信じて疑っていなかった時代からしたら、この指摘を「格」の違いと銘打って提示することは、不可避の流れだったのかもしれない。

耳目を集めてこその社会運動

そもそも全く馴染みも意外性もない概念を一足飛びに世間に問題視させ、ムーブメントを起こすなんてことは、不可能に近い。だから、社会の（現時点の）一般的な認識に合わせて、論点を設定することは、社会運動の火付けとして、肝要なポイントであるのだ。

ところでこの話になると、「子どもの貧困」ということばについて、貧困研究者の阿部彩《あべあや》氏が以前朝日新聞で仰っていたことを想起する。それまで「貧困」の問題も、提起すれど、その字面に染みついた自己責任論から、多くの人を巻き込み、問題解決のために動かすに至らなかったと言う。そのうえでなお、親が貧しいことでその子どもが窮してる状態を可視化させるためには、「貧困」が醸すスティグマ（否定的な意味付け、レッテル貼り）を活《い》かしながら、問題の所在・対象を切り分けて提示するほかなかったのだと阿部氏は語るのだ。

「貧困を子どもの視点から訴えれば、こうした自己責任論を回避することができる。子どもの問題にフォーカスすることにより、親の労働問題など『貧困の本質が見えなくなる』という批判もありました。しかし、貧困に対してなんとか政策を進めるためには、これしかなかったと今でも思っています」[5]

社会運動にするには、一瞬たじろぐそのワーディングを採用してでも、問題提起と

5.「貧困問題を『子ども』の視点で訴えた意味　背景に自己責任論」朝日新聞デジタル（asahi.com）

して注目を集めないことには話にならない。そのおかげもあって、もちろんすべてが解決するわけではないにしても、この10年で「給付型奨学金」など、一昔前には不可能と思われた施策に漕ぎつけたと言う。千里の社会運動の道も、賢く、地道な一歩から、なのである。

だからと言ってこれからも「格差」でいいのか？

分断ではなく、連帯（協働、共生……なんでもいいのだが）のために、自己や他者のことをより「わかる」ことは不可欠だ。本書の通奏低音として流れるテーマでもある。

ただし、

✔無自覚に「分ける」ことからはじめていないか？

もっと薄気味悪いのは、「格」のような、

✔そもそも優劣・序列づいた人間観を前提にして、「分け」、「わかった」気になっていないか？

これは問うても問いすぎることはないだろう。

さらに、これからの包摂への道のりの進展を切望するならば、「〇〇格差」論を量産する前に、立ち止まるべきときが訪れている気がしてならない。

自戒を込めてだが、研究したり、立法や行政などに今関わったりしている者は、食うに困らない、いわば生存権を脅かされていない者であることは、疑いようのない事実である。そのうえで、生存権を脅かされた他者のために知恵を絞ってきたのは確かだが、その方法がいつまでも、〝「格」の違いがある‼〟という問題提起でいいのかどうなのかは、振り返り、必要があれば打ち出し方を変えていくべきなのではないだろうか。「格差」を問題に設定すると、すんなりとそれをひっくり返したかの問題解決策が見えてくる。「格差をなくす」という方針だ。そのために、お金がなくて塾に行けないなら無料塾を開きましょう、「体験格差」が問題なら、夏休みの無料イベントを開きましょう——これらも大変結構なのだが、そもそも「格」の違いなのか？　その差分を埋めれば、問題解決なのか？　そのくらい根っこをたどっておくべきではないか？という提案だ。

センセーショナルな問題提起に躍起になるがあまり、塾に行って学歴を手に入れないと満足に生きられない社会を所与のものにしていないか。非日常の商業的な経験（テーマパークに行くことや旅行）が育むとされる豊かな人間性とは一体何か。これらは問い尽くされているだろうか。「格差をなくす」以前に、「格差」とは何か、いま一度、立ち返りたい。

格差と呼んだ瞬間に、経済格差で言えば、お金があったほうがいいに決まっていることになるし、最近言われる体験格差も、（お金に糸目をつけず）いろんな体験をさせてあげていることがいいに決まっていることになる。しかし、本当にそうなのか？いいに決まっていると思われてきたことのメッキもだいぶ剝がれた頃ではないだろうか。

各々から成る木

そんななか、「格」の定義を改めて引いてみると、私にとって意外な発見があった。今となっては「地位」「階級」「基準」を示し、ランクづける意が主だが、もともとの漢字で言うと、その成り立ちのごとく、木編に「各」とついている点がミソのようだ。

諸説あるが、「それぞれ違った枝葉があってこそ、一本のしっかりとした木として立っている」様を模した、という見立てもあるらしい。

各々の違いというのは、必ずしも、上下関係ありきの序列の話ではないということだ。水平多元的に広がったバリエーションが、強い木を作っている——大昔の人はそれを知っていて、「格」という字を表したのかもしれない。

いろんな人がいるよね、の「各々」は、いつしか上下垂直方向の序列付けられた存在になり、その前提のうえで、(格差)「問題」が語られている今。

これをそのまま続けるかどうか、やはり岐路に立たされていると思えて仕方がない。

第3章 能力――二の句が継げない「カルチャーフィット」

「できる人」の目印？

夏が来れば思い出す――。ある企業でサマーインターンシップの選考をお手伝いしていたときのことを。

大学院で教育社会学を修めたあと、「敵地視察の就職」と称して、人材・能力開発業界へ飛び込んでいった私だが、採用という現場は特に感慨深かった。「P・ブルデュー[6]が見たらなんて言うだろうか」と思いながら、履歴書やエントリーシートにある、「休暇中の連絡先」（「現住所以外に連絡を希望する場合」もある）という実家住所記入欄を眺めていた。今日はそんな話からしようと思う。誰しもさまざまな立場なりに、

6．社会階層研究者で「文化資本」という概念を提唱した。

近しい経験があるのではないかと思っている。

「プラチナ住所」

いつかの、梅雨が明けるか明けないかの、とても暑い日。創業者の写真が大きく飾られた大会議室で私も、SPI（能力・適性検査）の結果一覧とエントリーシートとをずらりと並べながら、一次通過（○）・ボーダー（△）・不採用（×）の三つの山に「分け」ていた。部長である採用責任者が、確認のため最後に、×の山をパラパラと見返して、これにて会議終了、となりかけたときのことだった。採用責任者が皆の視線を集めるように声を発した。

「おいおい、この子、落とすところだったよー。プラチナ住所、気づかなかった？ダメだよ、こういうのをちゃんと見なきゃ」

プラチナ住所？　意味がわからなかった。

「実家住所にさ、○○○ヒルズって書いてあるでしょう？」

離れたところで作業していた人もいそいそと見えるところに集まる。不合格にすべきでない人をしていたのなら大変な落ち度だ。後学のために皆、真剣に確認する。「わお、ほんとだ、失礼しました」と謝る人もいる。すかさず、「これは高級マンションの中でも最高級。ハイソの中のハイソ」と採用責任者。「賃貸でもファミリータイプならここは、家賃は月200万円はしますよね」と相場情報を付言する人までいる。そして、採用責任者はこうとりまとめ、「リーダーシップ」を発揮した。「これは親がなにがしだ、ってことだよ。いいか、この『成功者』のご子息、落としちゃだめだよ。面接に呼ぼう。ウチ（の会社）ときっと合うと思うなぁ。評価項目の『カルチャーフィット』（企業文化との親和性）のとこさ、◎に変えておいて」

私もご多分に漏れず、恥ずべきことだが、その場にいた誰一人、「この採用プロセスって問題ないんでしょうか」とは言わなかった。

ちなみに、そのとき選ばれた人は、職務遂行に適切な「能力」を備えていたようで、その後の面接もパスし、入社。順調にその企業で昇進していると風の便りに聞く。採用責任者の「人を見る目はたしかだった」、そういうことかもしれない。

他方、女手一つ、母親に育てられ、「早く一人前になって支えてくれた人に恩返しがしたい」と語る就活生もいた。地方出身。公立小中高を経て塾にも行かず（というか予備校はなかったらしい）、大学は某名門国立大学という猛者らしい。学力はもとより、野心、明確かつリアルな仕事への動機もあって、一次通過だと私は思ったのだが、先の採用責任者はこう言う。

「優秀だろうけど、やめておこう」

今回こそは意を決し、二の句を継いでみた。「あの、ちなみに、どういう点が、ってありますか？」と。

「え？　わかんないの？」と返され、焦る。でもここは言語化してもらわなければ。

「すみません」と言いながら御大の解説を待った。

「ウチっぽくない、ってのは大きい。『カルチャーフィット』が弱いんだ。あと、なんていうか、『チャーム』がない。育ててあげたい、って思えないのは致命的」

会議は滞りなく終了した。

恣意的な「能力」評価

この企業は外資系だったため、横文字が多いのだが、要は、「相性」と「かわいげ」（素直さ、周りに気に入られやすいか、と言ってもよい）という本来、個人の「好み」のような、主観的で理屈のないものを、あたかも客観性が担保された「能力」かのように使って、「分ける」こと――選抜――がしめやかに行われていた。

採用する側の「好み」だと明言しては問題になるだろうが、採用会議の議事録には、「企業文化との親和性が低い」や「協調性に問題あり」と「能力」をジャッジしたかのようなコメントがついているので、問題ナシ。

つまり、企業が個人を選抜する現場は、かように実はツッコミどころが満載なのに、採用側からすれば「『能力』を見極めましたよ。『能力』不足で不合格にしたまでです」の一言で事足りてしまう――。そのタイパよき単純化された「仕事」ぶりにモヤッとしたのだった。

けしからんですよね、なんて言いたいわけでは毛頭ない。かつての「学歴偏重」と批判された時代を経て、社会が個人に求める「能力」は変化してきた。「学力」に代表されるような、わかりやすい個人技的な「能力」以外にも、ここ四半世紀ほどは、「人間力」「コミュ力」「生きる力」といった、他者との関係性も重視するかのような「能力」の要請が目立って叫ばれるようになったのだ。

一面的ではなく、全人的に見て人を「分け」、「わかる」よう努めましょう――。

一見、進化しているようだが、そうなったらなったで、先の採用の例のように、学生本人がどうすることもできない微妙な話まで、採用側によって「全人的」な能力の一つとされ、それによって「分け隔てる」ことは正当化されるようになったのだから、悩ましい。

範囲も定義も選ぶ側の都合によって変わる「能力」。これでは身分制度の時代から一歩進んだようで、恣意《しい》的な運用を許すも同然だ。それはすなわち、公平性の観点からすると、進化どころか二歩下がっていやしないだろうか。

第1章でも申し上げたが、「よりよい社会」と言うならば、「社会をよくしようとして、悪くなっていないか?」と、いま一度問いたい。

大義名分や社会的な潮流の目くらましに遭わず、自分自身がふと感じる違和感や、身近な人の様子の変化に、目を、心を、配っていたい。

2022年12月に出版した拙著『「能力」の生きづらさをほぐす』を読んでくださった方々からお便りが届くのだが、口ぐちに「もう能力も、競争も、疲れました」とある。「生きづらさ」は依然として社会を覆っているのだ。そう簡単に「よりよい社会」とは言えない。

なんて、「いやいやテッシーさん、最近はそんなに言うほど競争、競争、って感じじゃないですよ。〝やさしさ〟とかよく言うし」などと教えてくれる人もいる。

やさしいようでやさしくないことばたち

ただ、素直じゃないようで申し訳ないが、私は思う。本当だろうか？　と。プロローグで記したとおり、私は分断ではなく、社会的包摂を希求している。ゆえに、包摂的実践には「やさしさ」を感じるが、果たして、一元的に定義されたわかりやすき「やさしさ」は、包摂につながるのだろうか。

もっと言えば、安易な「わかる」のために、無自覚に人を「分け」、あたかも「分け合い」が公正に行われているかのようだが、分け合うどころか、分断の正当化が起きていないか。しかもその「分ける」基準が、学力テストの点数のみならず、「カルチャーフィット」だ「かわいげ」だとするのは、競争を見えにくくするだけで、多様な人に画一的なあり方を求める「一元的な『正しさ』」の要請はいっそう根づいていないだろうか。

確かに、書店を訪れても、いっときほど「論理的思考力」といったバキバキの「能力」本は平積みされていない。しかし、代わって「怒らない技術」「機嫌〜」「しあわせな〜」など、「ウェルビーイング」的な趨勢《すうせい》が見てとれる。

しかし、だ。表現こそほっこりとした響きがあれど、そうすることが「正しい」、「成功者の作法はコレだ!」と言った瞬間に、バキバキの能力論と内実は変わらないことは、お気づきのとおりである。

〝カリカリしない〟こと「も」大事だろうが、〝目くじらを立てる〟「べき」ときだってあるのだ。

社会システムに欠陥があり、割を食う個人がいるのなら、その本人は声を出して嘆き悲しんでしかるべきだし、周りで気づいた人がいるなら不機嫌に訴えかけてもいいじゃないの。人間だもの……と私は思う。

何があっても穏やかにいることを要求され、さまざまな企業・組織のウェルビーイング指標が測定・比較される。時に表彰されたり、逆に「あなたの部門の社員は、全社平均より〝しあわせ〟に働いていません」とお達しがきたりして、「ウェルビーイング研修」を受けに行かされる管理職……などというのは、「やさしい社会」なのか、疑問だ。

「よりよい社会」と言うならば。個人に求められる「能力」の要請をはじめとする、潮流とはうまく距離をとりたい。「困ったときこそ幽体離脱」――究極の自己客観視を行うことを私はこう呼んでいるのだが――もいいだろう。

ことばは、とても便利でとても不便だ。「わかった」気になるが、てんで的外れな方向へ煽動することだってできてしまう。先の「やさしい社会」のように、能力やそれに伴う競争が仮に批判される向きになれば、言葉尻だけ調整した、なんちゃって「シン能力」が台頭する。

こんな流れも想像に容易《たやす》い。競争が他者との協力関係を阻害することが盛んに言われれば、今後は「自分との戦い」が奨励されるのだ。

実際に法務省の〝社会を明るくする運動〟で、「#生きづらさを　生きていく。」が2022年に続いて運動のテーマになり、新しい学習指導要領では「自己調整力」が盛り込まれた。

こうした点を、私は注視している。構造的な「生きづらさ」を解くべき点を棚上げしたまま、個人ひとりの「気の持ちよう」に任せるのは、「人生甘くない！　頑張ろう！」と励ますようで、突き放していないだろうか。「仕方ないよ」と言っているのは、どの口だろうか。

せっかくなので、私こそ幽体離脱して、本音を話しておこう。今回の就活事例は、「企業文化との親和性」うんぬんかんぬんのような、「能力」の大義名分で語るのではなく、「やっぱり相性の問題は大きいよねぇ」と言うことから始めたらよい。

今となってはだが、私はそれをそのまま、組織開発の現場で実践している。人と人が働くうえで、合いそう・合いにくいかも、という「相性」の問題はあるのだと早々に表明し、そのうえで、個人の能力で選抜したり、教育したりするのではなく、組織の人間関係を調整し、包摂していくのだ。

それにしても今年の夏は暑い。ウェルビーイングだなんだと言うが、いつもいつも健やかでなくたって、いい。こんなに暑いなら、へばってもいい。能力論は往々にして「強さ」を求めるのだが、「弱さ」を知っているからこその「強さ」は、ある。揺らぎながら歩むことこそ自然で、生をまっとうしている。

（2023年7月19日公開）

第4章　自己肯定感――自信を持てるように頑張ろう？

「これからの時代」に「求められる人材像」

当たり前と言えば当たり前なのだが。
この世が仮に、絶えず自己嫌悪していて、疑心暗鬼で、自暴自棄で……という人ばかりだと、先行きが不安である。
そりゃあ政府も、黙ってはいられない。次の資質・能力を兼ね備えることが、「これからの時代に生きる人たち」の「求められる人材像」の一つだと言いたくもなろう。[7]
――「主体的に課題を発見し、解決に導く力」「志」「リーダーシップ」「創造性」「チャレンジ精神」「忍耐力」「自己肯定感」「感性」「思いやり」、「コミュニケーショ

7.「人づくりは、国づくり。教育再生への取組み始まる～教育再生実行会議」首相官邸ホームページ（kantei.go.jp）

ン能力」「多様性を受容する力」である。

「志」ですか!? とか、こんなパーフェクトヒューマンいるのか!? とかいろいろと思うが、それは置いておこう。ここで着目したいのは、「自己肯定感」ということばである。

自己肯定感を高めることは、現代社会を生きるうえでの必要不可欠な要件の一つとされ、特に、学校・家庭教育の両面ではぐくまれるべきだとされている。喫緊の社会課題であり、教育課題でもあるということだ。そんな堅い話をしなくても、日常的に使っているかもしれない。「あの人、無駄に自己肯定感高いよねー」とか、「そんな卑屈にならないでー。自己肯定感低すぎー!」などとも。

破綻寸前の自己肯定感

改めて、なぜ自己肯定感を本章で扱うのか。

それはお気づきのとおり、いぶかしく思っているからだ。何を、どのように? 手始めに公的な定義を確認してみよう。

これからの時代を生きる人たちに必要とされる資質・能力
〜求められる人材像〜

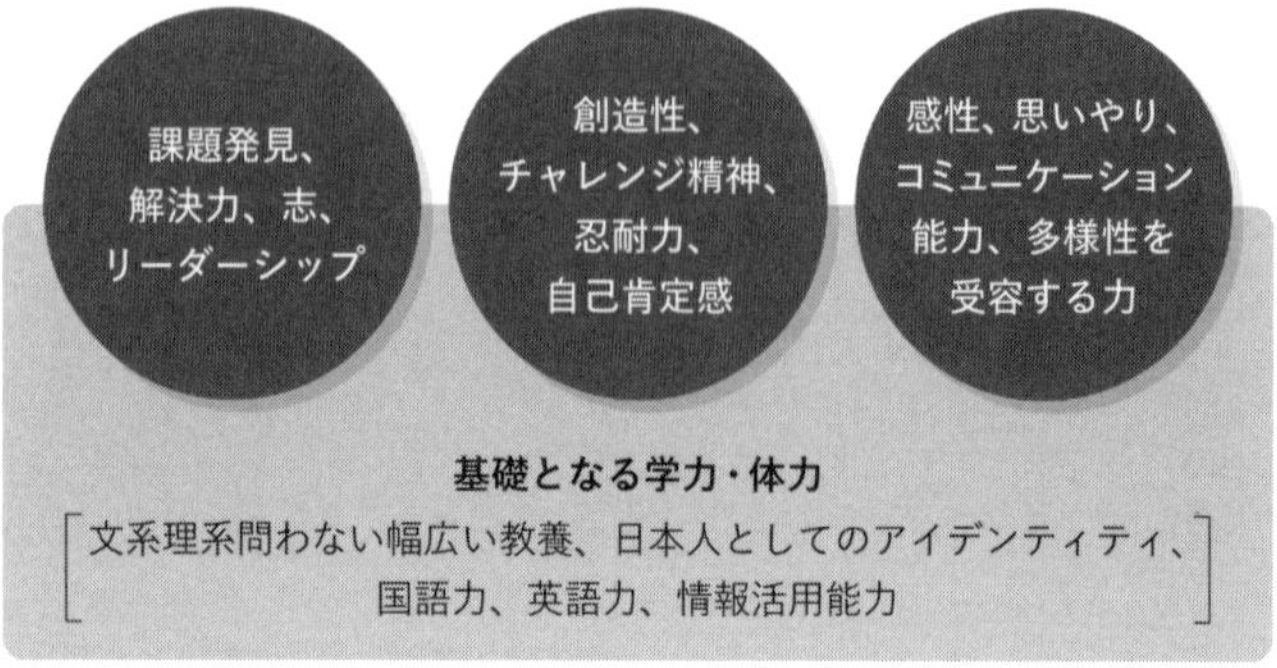

首相官邸ホームページ「人づくりは、国づくり。教育再生への取組み始まる〜教育再生実行会議」内「これからの時代に求められる資質・能力と、それを培う教育、教師の在り方について」（第七次提言）の概要（平成27年5月14日）https://www.kantei.go.jp/jp/headline/kyouikusaisei2013.htmlをもとに作成。

〝①勉強やスポーツ等を通じた競い合いなど、自らの力の向上に向けて努力することで得られる達成感などを通じて育まれる自己肯定感

②自分のアイデンティティに目を向け、短所を含めた自分らしさや個性を冷静に受け止めることで身に付けられる自己肯定感〟

これは、教育再生実行会議第十次提言が明らかにした、自己肯定感、の定義である。要するに、能力向上による自信を高めることと、良いも悪いもない自己をまずは受け止めるという意味

の合体版といったところだ。この点ですでに気になって仕方のない点がある。

なぜなら、自分を大切にする、というとき、私からすると後者の②良いも悪いもない自己を受け止めること、すなわちただ在ることの承認を、自己肯定と呼ぶものだと思っていたからだ。しかし実際の国の資料では、能力主義的に、ちゃんと努力して他人から認められてはじめて肯定すべき自己ですよ、という前者①の意味も、こんなにしれっと内包するとは思わなんだ。これはすでにトリッキーである。①条件付きの承認と、②存在そのものの承認というのは、端から両立し得ないからである。

さて、こんなすでに論理破綻したような概念がなぜこうも必須だ、今の若者に足りない！　などと声高に言われるのか。もう少し眺めて、現在地を確認しよう。

まずもって、危機感を煽られるのに十分なエビデンスがごまんとある。若者に意識調査をすれば、日本の若者は「自己肯定感」が低い。つまり、「自分自身に満足している」かどうかを調査で尋ねれば、諸外国と比較して有意に（統計的に明らかに）低い結果が出る。「自分はダメな人間だと思うことがある」かどうかを尋ねれば、その逆の結果で、「とてもそう思う・そう思う」と回答する割合が7割を超える。[8] ほら問題だ、と。

この「自己肯定感」論。もともとは1960年代頃から欧米の心理学領域で研究され（ローゼンバーグの自尊感情尺度[9]を聞いたことがあるかもしれない）、のちに学業や仕事での達成の文脈でもカギとなる概念とされた。さらには一説によると、80年〜90年代の自己啓発ブームともあいまって広く知られる存在になり、2000年代以降は、日本の若者の自殺率などと絡めて、日本の危機文脈で語られているようだ。

道中、「いやいや日本って謙遜する文化だから〜」[10]などの日本文化論の出番がなかったわけではないが、日本の若者の死因第一位が自殺であり、G7のなかで日本が突出していること[11]からも、けんもほろろに謙遜文化説は棄却され、深刻度、切望度が増しているのが現在地と言えるだろう。

こうなると、大変なのは、教育現場であることは想像に容易い。昨今、（先生方の自己肯定感はさておき）、子どもたちのそれを高める「学習内容」と「指導方法」を工

8.「資料3-2 自己肯定感を高め、自らの手で未来を切り拓く子供を育む教育の実現に向けた、学校、家庭、地域の教育力の向上」教育再生実行会議第十次提言本文・参考資料２／２（mext.go.jp）

9. Rosenberg, M.(1965)"Society and the adolescent self-image".

10. r1h-2-3.pdf（mhlw.go.jp）

11.「自殺対策について（施策概要）—自殺対策—」厚生労働省（mhlw.go.jp）

夫・改善することが求められ、「自尊感情や自己肯定感を高めるための年間指導計画(例)」[12]の作成まで、微に入り細を穿つまで推奨されている[13](52〜53ページの図表参照)。ただでさえ教科教育や学校行事にひーひー言いながら、しかも「働き方改革」で労働時間が強制的に規制されるなかで、「自己肯定感」を上げる授業や関わりをし、それを行った実績も見える化せねばならない。

これだけ見てくると、一億総自己肯定感向上大作戦は、至極真っ当な打ち手のように思えてくる。学校教育ももっと頑張れよ！　とすら思う人もいるかもしれない。しかし私はやはり腑《ふ》に落ちない。日本社会の閉塞感打破に必要なのは、自己肯定感を上げることなのだろうか？　と。理由は次のとおりだ。

12.『令和3年度 教育課題研究「自尊感情や自己肯定感に関する調査研究」指導資料 児童・生徒の「自尊感情」や「自己肯定感」を 高めるために』リーフレットより抜粋

13. r3_leaflet_02.pdf (tokyo.lg.jp)

年間指導計画作成のための留意点

○各教科等の目標や内容を踏まえた上で、「学習内容」や「指導方法」の視点から、自尊感情や自己肯定感を高める手だて等を検討する。
○各教科等の単元相互の関連を結び付けながら、教科等の関連性や系統性を教職員間で共通認識する。
○年間指導計画に沿って、各教科等の単元や題材目標、内容等に基づき、計画的に授業を行う。

⊂⊃：単元相互の関連性を示す。

東京都教職員研修センターホームページ「自尊感情や自己肯定感に関する調査研究（2年次）−各校種における授業モデルの開発を目指して−」https://www.kyoiku-kensyu.metro.tokyo.lg.jp/09seika/reports/files/bulletin/r3/materials/r3_21_03.pdf をもとに作成。

10月	11月	12月	1月	2月	3月
●◆学級づくり ●◆日常の生活や学習への適応及び健康安全 ●◆一人一人のキャリア形成と自己実現					
国語「クラスみんなで決めるには」 ●◆よりよい話合いの仕方について考え、役割を意識しながらクラス全体で話し合って考えをまとめる。	社会「昔のよさを未来に伝えるまちづくり」 ●◆伝統的な文化をまちづくりにどのように生かしているかについて理解する。	国語「感動を言葉に」 ●◆これまでに詩を読んだり、書いたりしたことを振り返ったり、毎日の生活の中で感動したことなどを想起したりする。	理科「水のすがたと温度」 ◆温度を変化させたときの水の体積や状態の変化を調べる。	算数「箱の形の特徴を調べよう」 ◆立体図形や直方体における直線や平面の関係について理解し説明することができる。	社会「国際交流がさかんなまちづくり」 ●◆自分の地域の様子や特色等を紹介するガイドマップをつくる。
理科「すずしくなると」 ◆動物の活動は、暖かい季節、寒い季節によって違いがあること等について調べる。	図工「わすれられない気持ち」 ●◆その時に感じた気持ちに合う形や色を見付けながら、表し方を工夫して絵に表す。	体育「表現」 ●◆題材から主な特徴等を捉え、多様な方法で表現したり、友達と関わり合ったりして即興的に踊る。	国語「自分だけの詩集を作ろう」 ●◆テーマを決めて詩を集め、自分だけの詩集を作る。	図工「カードで伝える気持ち」 ●◆飛び出す仕組みを基に、伝えたいことを考え、カードに記入する。	音楽「曲の気分を感じ取ろう」 ◆曲の気分を感じ取って歌ったり、合奏したりする。
●◆「日曜日のバーベキュー」（規則の尊重）	●◆「秋空にひびくファンファーレ」（よりよい学校生活、集団生活の充実）	●◆「『ありがとう』の言葉」（礼儀）	●◆「大きな絵はがき」（友情、信頼）	●◆「世界の小学生」（国際理解、国際親善）	●◆「雨のバスていりゅう所で」（規則の尊重）
◆パソコンの操作、文書作成ソフトを使った新聞作り、データ保存の仕方					
●◆「表現について学ぼう」		●◆聴覚に障害のある方と共にいきる		●◆「二分の一 成人式をしよう」	
●◆児童会活動：朝の会、代表委員会、委員会活動、集会活動、たてわり班活動等 ●◆クラブ活動：イラスト、手芸・裁縫、写真・パソコン、科学、器楽合奏等 ●◆学校行事：儀式的行事、文化的行事、遠足・集団宿泊的行事等					
		保護者会等			学校運営連絡協議会等

◆「指導方法」で高める
学習方法や学習形態、教材・教具等を工夫しながら、自尊感情・自己肯定感を高める。

自尊感情や自己肯定感を高めるための年間指導計画（例）

「特別支援学校小学部第6学年生活単元学習」において、自尊感情や自己肯定感を高めるための視点を取り入れた検証授業とその後の授業分析を実施、授業者から聞き取りを行った結果、生徒の「自尊感情や自己肯定感を高めるためには、単一の教科等のみならず、複数の教科等を関連付けて取り組むことが効果的である」と結論づけられている。「関連する『学習内容』を含む教科等をつないだり、『指導方法』の工夫についてまとめたりしながら開発したという『自尊感情や自己肯定感を高めるための年間指導計画（例）』が本図。これを参考にして、「日頃の教科等の学習内容や指導方法を関連させることで、意図的・計画的に自尊感情や自己肯定感を高めることが期待できる」とされている。

教科	4月	5月	6月	7月	8月	9月
学級経営	●◆学級づくり ●◆日常の生活や学習への適応及び健康安全 ●◆一人一人のキャリア形成と自己実現					
各教科	国語「こんなところが同じだね」 ●◆友達の話しを聞いたり、自分の思いを伝えたりする。	国語「お礼の気持ちを伝えよう」 ●◆相手や目的を意識して、書く内容を選ぶ。	社会「ごみはどこへ」 ●◆ごみの処理について、自分たちにできることを話し合い、学習問題について自分の考えをまとめる。	算数「考える力をのばそう –ちがいに注目して–」 ◆問題の構造について、分配や移動を伴う二つの数量の差に着目して、線分図に表して考える。		算数「わり算の筆算を考えよう」 ◆既習の除法の筆算の仕方や数のまとまりを用いて、除法の計算をすることができる。
各教科	理科「あたたかくなると」 ◆身近な動物を探したり、植物を育てたりしながら、環境等との関わりを調べる。	社会「健康なくらしとまちづくり」 ●◆人々の健康と生活環境を支える働きについて、関連付けながら調べる。	音楽「歌声のひびきを感じ取ろう」 ◆歌詞の表す様子等を思い浮かべながら、のびやかな声で歌う。	社会「水はどこから」 ●◆水の供給や使い方について、自分たちにできることを話し合い、学習問題について自分の考えをまとめる。		体育「リズムダンス」 ●◆リズムに乗って弾んで踊ったり、友達と関わり合ったりして即興的に踊る。
特別の教科道徳	●◆「ドッジボール」 （善悪の判断、自律、自由と責任）	●◆「ひびが入った水そう」 （正直、誠実）	●◆「ふろしき」 （伝統と文化の尊重、国や郷土を愛する態度）	●◆「一匹のセミに『ありがとう』」 （感動、畏敬の念）		●◆「全校遠足とカワセミ」 （善悪の判断、自律、自由と責任）
総合的な学習の時間	◆パソコンの操作、文書作成ソフトを使った新聞作り、データ保存の仕方 ●◆「水辺の教室」		●◆「地域安全マップ」			
特別活動	●◆児童会活動：朝の会、代表委員会、委員会活動、集会活動、たてわり班活動等 ●◆クラブ活動：イラスト、手芸・裁縫、写真・パソコン、科学、器楽合奏等 ●◆学校行事：儀式的行事、文化的行事、遠足・集団宿泊的行事等					
その他	保護者会等	個人面談等				

自尊感情や自己肯定感を高めるための視点

●「学習内容」で高める
各教科等の学習内容と関連させながら、自尊感情・自己肯定感を高める。

もっと頑張る、もっと努力する前提

先の学校教育において実施される自己肯定感向上プログラムに戻りたい。読み込んでいると、妙なことに気づく。

『令和3年度 教育課題研究「自尊感情や自己肯定感に関する調査研究」指導資料 児童・生徒の「自尊感情」や「自己肯定感」を高めるために』リーフレットのなかにある、実践事例コーナーの記述についてである。自己肯定感を上げる取り組みをすると、子どもたちはどう変わるのか。

小学校の事例にこんな記載がある。〝児童同士で「頑張ろう」と声をかけ合うべき、との声が生徒自身の発言としてあった〟と。もちろん成功事例として書いてある。

さらに中学校の事例には「夢の実現のために努力することを考える」とあったり、そのほかにも、「『自分にもできることがある』ことを体験～（中略）～「頑張らなくちゃね」と発言し、（中略）積極的に取り組むようになった」などとある。つまりこういうことだ。

私が着目しているのは、自己肯定感をはぐくむことの狙いが、

✔もっと頑張ろう
✔もっと進んでやろう
✔もっとできるからやろう

という、トーンのことばたちとともに語られっぱなしになっている点だ。

今現在では不十分で、もっと頑張って、もっと努力して何者かにならねばならない存在としての子どもたちを、前提としていないだろうか。自己肯定感をはぐくめば、もっと頑張り続ける国民を爆誕させられる！　そんなばかな話をしていないだろうか。

私は思う。社会に必要なのは、こういった前提に基づいた自己肯定感を上げることなんかではない。むしろ必要なのは、こういう今ここに在るのに、欠乏や未熟を突き付けられ、無限の努力をしてくださいと、したり顔で言ってしまうことこそを止めることだ。

つまり、能力次第で、存在の承認がされたり、されなかったりするようなことをあたかも正当化する構図から抜け出さないといけない。

プロローグから述べてきているとおり、私たちは誰かに許可をもらって生きているのではなくて、すでに在る。完璧な人間なんかじゃない。それはなんぴともだ。凸凹していて、何かが尖っているかと思えば、何かは欠けているのが人間だ。

それでも今日もこうして生きている。それは、自己肯定感が高いから、なんてちんけな話ではなくて、紛れもなく、周りによって生かされているということだ。自分どうこうではない。ましてや、自分の能力を含めた存在に誇りを持てるような存在に……とか、お門違いである。

組織文化を変える、の真意

自己肯定感を、自信を持てるようにもっと努力させることで向上させようと言ってしまうことの違和感を述べてきた。組織開発者としては、こんなことも付随して頭に浮かぶ。組織開発の父とも言われるエドガー・シャインが『組織文化とリーダーシップ[14]』において、語ったことだ。

14. 梅津祐良・横山哲夫 年訳 白桃書房 2012

組織文化を文化で変えることはできない、と。

なぜなら、組織文化というのは、文化と札でもついた何かが職場に浮遊しているわけでは無論ない。文化は確かにあるが、目に見えない。なぜならそれは、仕事をやる上での価値観の優先順位のシステムのことだから。経営戦略やビジネスモデル、それに呼応するように仕事の仕方が自然と規定される。その連綿とした営為を文化と呼ぶのだから、文化を変えようなんて簡単に言うが、上流の理念や戦略、ビジネスモデル……などが連続して変わらない限り、無理であると。システムをいじらずして、目に見えた上澄みの組織文化だけを変えようなんて、百万年早いのである。

この話、自己肯定感言説にも転用可能だと感じる。自己肯定感に問題がある、とうたったところで、自己肯定感を遮二無二いじっても、十中八九徒労に終わる。なぜなら、自分を好きになれない、なれない構造が必ずそこにはあるはずだからである。

社会は一本の糸でできていない。複雑に絡み合った糸が織りなしている。頑張れないことがあるとしたら、それは一本の糸、つまりあなたの・私の「自己肯定感」が低いことだけが問題なのだろうか。

そんなはずはなくて、必ず、「頑張れない」背景がある。「頑張っている」ように「見えない」背景かもしれないし、「頑張らない」ことを選んだ背景かもしれない。いずれにせよ、事実は一つではないし、正義も一つではない。複雑な背景、その人その人なりの合理性が絡み合っている。

まずはそのことを紐解くのが、筋ってものではないか。

つまり、自己肯定感なるものを上げたいのならば、なぜ自分を好きになれなくなってしまったのか。きっかけは？　日々強化されるのはどんな場面で？

そう考えたとき、学校で「自分がもっと頑張れることは何か？」と宣言させられるようなことが、そのくじかれた自分を信じる気持ちを復活させるものには……なり得ないことに気づくだろう。

社会の複雑性を所与のままに、ひとりの人間の有能さ・万能さで乗り越える必要性があるのか？　さらには、自己を肯定するかどうかまで、国をあげて発破掛けするのが教育や政府の役目なのか？　は疑問だ。

自己肯定感うんぬんは興味が持てないが、次のことを気づいてもらうためには、私も少しばかり頑張りたいと思っている。

何かを「問題」だと提起するのなら、それをどう植えつけて達成しようか、と躍起になる前に、何がそれを「問題」にしてしまったのか。そこには個人の能力や資質の問題以前に、構造的な闇がないか。そんなことを思いめぐらすことが当たり前になればと思う。

「美しく生きる」の舞台裏

蛇足だが、自己肯定感の話から関連して思い浮かべる話をもう一つだけ、本章に記しておく。

「美しく生きる」

ということば。そしてその度に、こんなことを思う。

今日もあなたを、私を「美しく」いさせてくれているのだとしたら、それは紛れもなく、他者のおかげによるものが大きい。なんなら他者の「美しく」なんていられない状況を踏み台にして成り立っている可能性も大いにある。

生々しい話だが、現実的なこととして考えたいのだが、下水道を維持管理してくれていてこそ、「毎朝スッキリ」なんて嬉々として言える。野菜中心の生活！と豪語して、「デトックス！」を図る人が、みずみずしい野菜を自給自足しているかというと、おそらく多数派ではない。どなたかが汗水垂らして育ててくださった農作物を、多くの流通の手に支えられながら、近くの便利なお店で購入している。そしてそれを美味しく調理してくれている人がいる？　足りなくなる前にきちんと冷蔵庫の中身を把握して、買い物してくれている人がいる？　美しさを保つため、と言って何度も着替え、それを誰かが洗濯してくれている？　──私たちの「美しく生きる」はエッセンシャルワーカーと、ケアによって成り立っている。もちろんあなたが小顔エクササイズを毎晩欠かさないことも、チョコレートを我慢していることも知っている。それは立派なことだが、いろいろな頑張りはたしかにあるだろうが、それがあ、な、た、だ、けの・私、だ、け、の努力ではないという話をしている。

美しく生きよう！　と思うのは、素敵なことだ。しかしそれが目指せることは、社会構造的にすでに特権的であるかもしれない。だから本当の意味で「よりよい社会」を目指すのならば、とってつけたように、「自己肯定感」を上げようとか、「文化」を変えましょうとか、「美しく」ありましょうとか、そんな話に拘泥していては、芯を食うことはない。華々しいその変革の標語の陰で、思索を深めるべきは、そこではないだろうか。

第5章 矛盾――ヒューマニティを取っ払う先

矛盾を検知？ AI面接

2024年9月に日本経済新聞でこんな記事[15]を目にした。コンビニ大手のローソン社が、採用活動において、AIによる一次面接を2026年4月入社採用からスタートすると言う。

エントリーシートにある内容と一次面接での回答矛盾をはじく（足切りをする）ということらしい。利点はもちろん、24時間365日、応募者の好きなタイミングで、世界中どこからでも、オンライン選考が受けられること。そしてさらに、「なんかこのタイプはいけ好かないなぁ」なんて私情をはさまずに、ドライなAIが一次的に合

15.「ローソン、採用にAI 新卒選考を効率化 1次面接に導入」日経電子版 2024年9月5日公開 (nikkei.com)

否をジャッジしてくれるのも利点と言えよう。面接官との相性うんぬんではなく、選考基準が明確なのは、人類の積年の願いとも言える。矛盾回答を認めないと、言ってくれているのだから。親切だ、ＡＩ面接。

というか、ある程度準備して臨めば、そう矛盾ばかりということがない限りにおいて、足切り用と言っているくらいだから、何ら問題ないのかもしれない。それをＡＩではじかないといけないくらい、案外、受け答えにもなっていないケースが面接で意外と散見されるということかもしれない。

それにしても、「エントリーシートに記載した内容をもとにＡＩが質問を作成」し、面接するとあるので、エントリーシートを作り込むところが決戦の舞台となりそうだ。面接時点で自分の中にふわっと湧き上がってきたことなんてのは、安易に話してはいけない。エントリーシートとの一貫性、整合性が正義ということなのだから。

仮に自分が受けたら……一次面接で不合格だろう。整合性なんて、ない。そのときどきで合理的だと思ったことに突き進んでいるが、予測不能なエントロピー人生である。

コンビニおでん売上日本一の人間味

さて、この記事を読みながら、ある人のことが気になった。某コンビニ大手で、かつて、おでん売上日本一の経歴を持つスーパーバイザー（営業統括者）Oさんのことだ。私は彼が転職した先で出会ったのだが、コンビニの裏話を聴くのが面白いのなんの。ちなみにだが、おでん売上のポイントは、いつなんどきも具をこんもりとさせておくことだそう。ぷかぷかと具を汁に浮かばせてしまうようなおでん鍋では、購買意欲も食欲も、たちまち失せさせてしまうのだという。

それはさておき、その彼と言えば、逸話も面白かったが、口癖も独特だった。――「すいません、しゃべってるうちにわけわからんくなりました〜！」とかっていうのは、ざらだった。

矛盾なき人が集まって作る組織の行方

抜け目のない、キレッキレ感の真逆である。Oさんはいつもどこか抜けていて、話なんてオチがないどころか、途中でたいてい迷子に。そんな感じだが、人に頼るのがうまく、自然と周りは巻き込まれている。コンビニのパートのおばちゃんたちもそんなちょっと抜けたところのある彼を全力で支え、彼も本部との交渉におばちゃんたちのエールを背負って、必死に務めたと言う。いわゆる人間味、義理とはこのことかもしれない。

しかし、だ。先のAI面接の話に戻ると、この彼なんかも、仮にローソン社の面接を受けたら、一次敗退が目に浮かぶ。「その施策、なんか嫌な予感するんすよね」とか、「大丈夫ですよ、たぶん。きっと」などというエビデンスレスで、断定しきらない物言いが、彼の大いなる魅力であり、それで励まされるメンバーも多いことなんて、AIは知ったこっちゃないだろう。おでん売上日本一というのは、チーム戦の結果であっただけに、残念だ。矛盾や論理破綻、エビデンスレスな発言は、金輪際御法度という、揺らぎなきルールができたのだから仕方ない。

矛盾なき人々が集まると、組織の矛盾もないのだろうか。この方針は、組織開発コンサルタントとしては、息をのんで見守るほかない。そもそも移ろいゆく環境にあって、整合性のとれない感覚的、流動的判断も多々あるような気がするが、そんななかでも矛盾なき人というのは、皮肉にも逆に、無理・無茶ができてしまう人、ということにならないだろうか。老婆心ながら疑問は尽きない。

整合性のために自分を裏切る

移ろいゆく状況に対して、一貫性を持ち続けることは、道理からして難儀である。それでも矛盾させないことを求められれば、どこかで論理破綻を回収する必要が出てくる気がしてならない。単なる野良コンサルタントの戯言だろうが、一貫しようがない点をどこで回収するかと言えば、

✔自分の情動、直感をなかったことにする
✔想定外のことは、飲み込む

つまり、自分を裏切ることで、整合性を演出するのではないか？　と心配になる。杞憂《きゆう》であることを願うばかりだ。

矛盾を許さないとは、ヒューマニティの価値を無効化することに近しい。さてはて、先の彼のときくらい、ないしは、彼らを超えて、おでんを売って売って売りまくるチームは、ＡＩ整合性チェックを通過したおあつらえ向き組織で今後も、誕生するのか？

おでんの具を絶えずこんもりさせておくことは、当然マニュアルに組み込まれているのだろうが、「頼りないリーダーと強い組織」については、門外不出のレシピがあるんじゃないか。知らんけど。

さて、ＡＩ面接による矛盾回答者排他システムの話をしてきたが、この問題を乗り越える方策について、本章の最後に記そう。

凸凹を組み合わせてチームを作る

ポイントはお気づきのとおり、コンビニ運営ひとつとっても、人っ子ひとりでやっている仕事なんていうのは、ほぼ存在しない点だ。チームで回している。いろんな人がいながら、そのときどきの状況に応じて、持ちつ持たれつ、なんとか。

だから、うまいこと回せるチームを作ることが仕事なのだとしたら、個人単位で良し悪しをつけることは、得策ではない。人手不足時代において特に。

臨機応変に、情動を大切に進めたい人が職場にいたとして、大切なのは、「あなたはダメです、首尾一貫していないので」と通告することではない。そういう人がいて、他方で、一貫性や論理を求めるタイプの人もいたら、それでいい。そして最も肝要なのは、多様な人の多様な視点で、議論ができる状態にあることだ。「あれれ、方向転換ですか？　どんな理由からですか？　自分には見えていないものを見ての判断なのかな？　と思って」などと問い合って、互いが見えている景色や解釈を紡ぎ合っていくことだ。蹴散らしたり、否定したりするのではなく。

チームで行うのが仕事なのだから、その職務要件を、個人単位で、それも良し悪しをつける方向で考えないほうがいい。それは一貫した私の主張である。

第6章　ガチャ――確約は正義なのか？

「将来の不安」の特効薬？

親ガチャ、上司ガチャ、配属ガチャ……まぁガチャガチャいろんなことが言われる。本人ではどうしようもないことがこの世にはある。皆が皆、「選べる」ことばかりではない。それは間違いない。

そうした本人の意思では選べないこと。ゆえに、不確定で先が読めず、偶然性に専制された状況というのは、昨今、「ガチャ」ということばで一般には問題視されている。しかし私はこのガチャ問題について考える際に、見落としがちだが、勘所があるような気がしている。

「考える」とさらっと言ったとき、多くの場合は、現状の「問題」（と認識していること）から入ることが多いだろう。ここがまずもって大事だ。「問題設定」次第で、進む先は薬にも毒にもなる。

ガチャ「問題」で言うと、こういう問題設定になっていないだろうか？

> 先が読めないことは不安で嫌だ　＝　「問題」である　＝　ならば予測可能なように決めてさしあげよう

と。

このロジックで生まれている趨勢の一つが、「配属ガチャ」問題に相対する、「配属先確約」制度だと考える。不確実性が憎き敵ならば、「確約」は正義ということになるが、どうみるべきだろう？　本章では「確約は正義なのか？」と題して思索を楽しんでみたい。

２０２４年６月の朝日新聞全国版で「こっちの企業『ガチャ』ないぞ　志向に合わ

せ、配属先や勤務地『確約』[16]との見出しが躍っていた。他紙も言い回しは違えど「配属ガチャ」をこぞって扱っていた。[17]この採用の売り手市場を鑑みれば、企業各社がこぞって「初任配属確約採用」などの先進的取り組みを打ち出し、差別化、つまり応募者の魅力づけに精を出すのは無理もない。

しかし私はいぶかしんでいる。このような、「決まっていない」ことをただちに問題視し、それを裏返したかの「決める」（確約する）ソリューションは、手放しで喜べることなのか？

というのも、たとえばここで、メンバーシップ型雇用の利点などについての詳説は避けるが、人材の配置を「決めない」ことで守られる人材の流動性や柔軟性は、雇用者だけが得をする話とは限らない。被用者側にもあることは、「決まってしまっている」ことのリスクを想像すれば、おわかりいただけるだろう。

すべてががちがちに決まっていたら、それはそれで息苦しいものではないだろうか。学生のうちに自身の適性に合った希望職種や配属先を「決めて」、そのとおりに事が運ぶことが、「良い」のかどうかなんてのは、誰にもわからないというのもある。

16.「こっちの企業『ガチャ』ないぞ　志向に合わせ、配属先や勤務地『確約』」朝日新聞デジタル　2024年6月4日公開（asahi.com）

17.「配属ガチャどう防ぐ　初任先の確約採用導入も　就活のリアル（栗田貴祥さん）」日経電子版　2024年5月21日公開（nikkei.com）

そんなふうにして、人間の揺らぎ、状況もゆく河の流れのごとく移ろうと考えれば、「確約」は、決して幸運の確約ではない気がしてくる。

はたまたもっと言うと、今後、配属確約に「資する」人物とそうでない人物とに分けられていく可能性も否めない。職場には、職務的に／勤務地的に、大人気です・花形です！　とは言えない部門が必ずあるものだ。配属確約に「資する」人物にはＶＩＰ待遇的に、本人が望むものを渡すとして……誰かがやらねばならないが恐らくハタチそこそこの人が望みそうもない部門は、どうなるのだろう？　配属確約採用からこぼれ落ちたものを、押しつけられる、配属ガチャ採用枠。大丈夫だろうか。

つまり、この決まっていないのが嫌なら決めてあげましょう！　というソリューションは、案外、「分断」のタネにもなりそうな、「分ける」しぐさなのだ。

不確実性が直ちに問題なのではない

さて、だとして、この「問題」はそもそもどう設定すべきだったのだろうか。別の角度から考えるに、私は、そもそも「ガチャ」問題の矛先というのは、不確実性そのものに対してではない、と考えている。

「決まっていない」ことが不安だとの主訴は確かにあるだろう。だがそれをそのまま受け取って、〝不安はよくないですよね、消えてなくなるように「決めて」あげますね！〟なんて虫のいい話はない。そんな拙速な解決策ふうのものを考える前に、職場のミクロな環境と労働社会全体のマクロな環境とを行き来して、問題の根っこをつかむ必要があると考える。そうしてたどり着く仮説は、

本当のしんどさは、不確実性そのものではなく、

✔配置に「アタリ」「ハズレ」があっても、よりよく働けるチャンスを個人側からはなかなか創出できない点ではないか？

ということだ。

換言すると、個人が不安感でいっぱいになること。いわゆる「不運」と呼べる状況があったとして、それを組織（社会）全体の問題だと思ってもらえない苦しさ。個人

の問題（それもときには、不安をやり過ごせない「心の問題」）に還流しがちな点こそが、つらくないか？　と考える。もっと言えば、「うまくやれないほうが悪いよ」「能力の問題だよね」とされても、二の句が継げないことこそが、問題ではないか？　と考えるのだ。

連載や著書でも繰り返し述べてきたことだが、うまく仕事を回せるときは、うまく環境にはまっているときだ。逆に言えば、相性に恵まれず、ぎくしゃくした不運な状況というのも、誰にでも起こりうる。それは個人が「優秀」かどうかなどでは、占えない、相互作用的な問題である。それなのに、関係性度外視の、個人主義的な人間観を前提にしたまま、もっと高い精度で予見しろ、「決まっていない」ことが怖いなら「決めちゃおう」というのは、迂闊というか、ちょっとした欺瞞にも思える。だからまずもって留意しておかねばならないのは、嫌な言い方かもしれないが、

✔「ガチャ」論というのは、不確実性をなくす方向で考えては筋悪である

と考えられよう。

未来が不確実なことはわかりきったファクトなのだから、策を練るならば、なんちゃって確実性を上げるかのソリューションからいかに脱するか？　これこそ試行錯誤せねばならないポイントである。やっぱり問題解決の前に、問題設定って大事ですね。

職場の個人の不運は、組織の問題

配属ガチャ問題から、偶然性に委ねざるを得ない状況を忌み嫌い、見える範囲でだけ確約することで問題解決したかのふりをしても、限界があるという話をしてきた。決まっていないことを問題設定し、決めてあげましょう！　なんて、マッチポンプ的問題解決だ。

そういうことではなくて、問題に本筋があるとしたら、誰かが配属でもなんでも、「ハズレ」だと言いたくなる状況を、組織や社会が見て見ぬふりすること。それが能力主義社会においては、当たり前、自己責任で、どうしようもないことだと思わせていることのほうが、よっぽど問題だ。

個人が「ハズレ」だ、と絶望しそうになったとき、必要なのは、

✔まあエースじゃないから仕方ないよ、もっと実力あげてから言って

なんてことばではない。誰かの絶望は、組織の環境調整（誰と何をどのようにやるか？）がうまくいっていない、システムエラーだと捉えるべきだ。教育社会学を修めた組織開発者としてそう考える。

本章では「配属ガチャ」とそのなんちゃってソリューションとしての「初任配属確約」を扱ったが、ほかにも一見すると画期的に見えるものの、問題の表層をなぞったかの施策の数々が社会には有象無象にあると思う。

問題解決をしているふう、に終わっていないだろうか。根っこを捉えているだろうか。埒が明かない「問題」を今日も解いた気になっていないだろうか。

そして組織や社会は、しんどさを叫ぶ個人を、見て見ぬふりし続けていないだろうか。

第7章 つぶしが利く——汎用化が孕む凡庸化リスク

「若者のリスク回避志向」強まる!?

2024年夏に公開された博報堂生活総合研究所の「若者調査」結果。[18] 1994年実施から30年を経た今回の最新調査では、学歴主義や大企業志向といった、リスク回避の傾向などが特徴的に見出されたという。

そういえば過日、あるメディアでの鼎談企画でも、リクルート社が昨年実施した調査が示す、Z世代が「どの会社でも通用する能力」[19]を求める傾向について話が盛り上がった。「つぶしが利く」ことが身を助くと信じて、目指せユーティリティプレーヤー！　という若者が少なくないのだと言う。

18. 19～22歳の未婚男女を対象としているという。詳細は以下に。https://www.hakuhodo.co.jp/uploads/2024/07/51df54a429ed7eeb89c7ecb2fe1fd75e.pdf

19. https://www.recruit.co.jp/newsroom/pressrelease/2023/0830_12590.html

「つぶしが利く」――という名のリスク回避傾向――は、現況を鑑みての若者が考える生存戦略であり、合理性の表れだと思う。このことは、舟津《ふなつ》昌平《しょうへい》氏が『Z世代化する社会――お客様になっていく若者たち』[20]で述べたとおり、彼ら・彼女らが好き勝手に編み出した生き方では到底ない。世間でけたたましく叫ばれる「自立」「自己責任」を咀嚼した結果とみて、間違いないだろう。

とはいえ、教育社会学を修めた在野の能力主義探究者としては、そう世相を斬って終われないところがある。というのは、汎用性が本当にリスク回避になるかどうかは、かなり心もとない話だと思うからだ。むしろ、汎用性を追い求めることは、ごく一部の猛者を除いて、多くの人にとっては悪手と言わざるを得ないと私は考える。どういうことか。

飛んで火（競争）に入る人々？

尖りや、専門性を持ったところで、時代の変化に適応しない可能性がある。ならば、まんべんなく、みんなが知っていてわかりやすく、「つぶしが利く」領域を押さえて

20. 東洋経済新報社、2024年

おこう——このリスク回避のキャリア戦略。このご時世にあっては、学歴というクレデンシャル（適格さの証明）に頼ったり、汎用的能力獲得に精を出したりするのは、至極当然の人生戦略に見える。

しかし私は、リスクを避けているつもりが、本人たち自らが苛烈な競争にまっしぐらなのではないか？　競争の激化を自ら誘発しているのではないか？　そう思う。「みんなと同じ」であることに安心できるからと言って、皆と同じことをする・選ぶのは、飛んで火（レッドオーシャン）に入ることに他ならないからだ。

まったく皮肉なようだが、単純な話である。周りと同じことをするとは、「よりうまくやる」「より効率よくやる」といった軸の競争に自ら飛び込むことになるのだ。それも、私たちが今しがた生きるのは、分け合いの原資自体を拡《ひろ》げられていない社会だ。拡がらないパイに人が殺到するとなれば、当然、奪い合う方向になる。奪い合いとは、競争に勤しむことに他ならない。その地獄絵図は、どう考えても若者が望む「安心」とは真逆であろう。

汎用性と凡庸化

この先行き不透明な時代において、安心感を得たい気持ちはもっともだと思う。また一方で、熾烈な競争に耐えうるだけの屈強な精神や体力自慢の人が、マッチョに高み（というのがあるとは私は思わないが）に向かって挑戦することは構わない。ただ、みんながみんな、「やっぱり学歴だよね」「目指せ大企業！」と盲進する先にご所望の「安心」があるのかどうかは……いま一度、立ち止まって考えたほうがいいのではないかと、老婆心ながら思う。

汎用性とは凡庸と紙一重だ。みんなと同じ、は安心どころか、差別化の手立てを失った不安定な状態にもなりかねないと思って差し支えない。このことは、学校でぜひ教えてほしかった世界の真理だと思っている。

ところで、学校で教えてほしかった、と言ったのにはわけがある。学校でも労働社会でもなぜか、そうは教えてくれないからだ。この世は弱肉強食で、出る杭は打たれるし、一寸先は闇。「つぶしが利く」ように備えることは自己責任だ、と散々聞かされ、選択を促されてきた。

仮にたとえば、学校段階まで遡《さかのぼ》ってみるとして、こんな主張もあるかもしれない。〝自分は皆の前で唄うことが嫌いだ。だから合唱コンクールには出ない〟――しかし、そんなことを実際にやったら……ご想像のとおりだ。問題児扱い、内申点の減点、発達検査の勧めも出てくるかもしれない。汎用を脱すると「問題」のある個人、逸脱した個人として、排除というリスクにさらされる。学校は、みんながやることに「乗らない」選択肢がほぼない、汎用的人間養成所なのだ。これは、さもないと排除、をちらつかせている時点で、ありがたき教訓のような体《てい》をしながら、ほぼ呪いである。

「無能化」のコスパを選ばないといいが

多くの人を惹きつける啓蒙的な概念が流布されているときこそ、いぶかしんでいたい。「つぶしが利く」って、そもそもなんだ？　目的（ex．安心を得ること）と手段（ex．汎用性を選択すること）は嚙み合っているだろうか？　などといった具合にだ。

何なら、一見とおりのいい言説に出くわしたときは、

✔そう説くことで誰かが潤っているのではないか？

✔逆に、誰かの発言権は奪われていないか？

とねちっこく一考したって何の問題もない（これまた学校は教えてくれないし、企業でも煙たがられる）。

と言っても、汎用化というリスク回避を穿《うが》ってみて、我が道を行くことが本当にできる社会ならば、こんな苦労してないわ、という天の声もしてくる。

でもどうか、当たり障りなく、万人受けを狙う生存戦略がいつしか、強大な力におとなしくだまされておくことと同義にならないでほしくて、しつこくて恐縮だが、ここに記す。おとなしく、「みんな」の圧にだまされておく間に、「構造的無能化」[21]は静かに進んでいく。

巨大企業が行う「若者調査」すらも穿りつつ、そんなことを未来の大人たちに思う。決して呪わないように、そっと。

21. 宇田川元一『企業変革のジレンマ――「構造的無能化」はなぜ起きるのか』日本経済新聞出版　２０２４年

第8章 自立——した人間とは？

半チャンラーメンのありがたみ

昨今の夏の暑さといったら、尋常ではない。精をつけねばと、例年以上にしっかり食事を取るようにしていた。私事だが、がん治療にだいぶ慣れたこともあり、ここ数年ほど縁遠くなっていた町中華にも足を延ばすように。注文するのは「半チャンラーメン」ことラーメン半チャーハンセットだ。塩気・汁気・のどごしよき麺と米飯のコラボ……これぞ夏の完全栄養食だと思っている（勅使川原調べ）。この場を借りて、半チャンこと半人前のチャーハンに御礼を申し上げる。あなたが仮に一人前では、食べたくても食べきれなくて困っただろう。

本章ではそんな、半チャンを皮切りに、社会を組織論的に見つめてみたい。「よりよい社会」の推進を阻みかねない言説ともかかわってくるはずだ。

というのも、たった今ありがたがった半チャンの「半人前」ということば。これは文脈次第では、お咎《とが》めにもなり得る。「半人前のくせに口だけは一丁前だな」や、逆に「これで君もやっと一人前だ」などというのはおなじみだ。

つまり、「一人前」であること――おとなであれば備えているはずとされる心身、技能、力量などの総称。漠然と人並みの能力――とは、あれもこれもひとりでできること、すなわち「自立」を意味する。また、一般的にはそうあることこそが「正義」というわけだ。

だがここでは、ごく当たり前に礼賛されている「自立」について、そうも疑いようのない「正義」なのか、立ち止まって考えようと思う。

「自立」「一人前」を正義とする一般論について考えるにあたり、どうしても話したい学校の思い出がある。今は不適切なかかわりとされ、「合理的配慮」やアレルギー対策など、しかるべき対応がされていることを断っておく。ただ、表立った対応が違うというだけで、四半世紀を経た今も、案外似たようなことが起きていることを示したく、お付き合い願いたい。

時は1990年代。私の通っていた公立小学校でもあったたし、周りでもよく聞く話だったのだが、国語の音読がどうしてもできない子に、先生が「○○さんが大きな声でスラスラと読むまで授業を終わりません」と言って、午前中ずっと国語、などということがままあった。

また、牛乳が飲めない子もクラスには必ずいるものだが、飲み終わるまで給食を片付けてはいけないと先生に言われ、掃除中もその子は牛乳とにらめっこ。すぐ横でぞうきんがけをするなんてのも珍しくなかった。

忘れものの扱いも厳しく、教科書を忘れると先生が「勅使川原さんのお隣の人、見せてあげないで結構です。忘れものをするとこういうことになるんです」などと言い放ったことは、いまだに忘れることができない。

繰り返すが、マルトリートメント（不適切なかかわり）だ！　と糾弾する意図はない。一方で、「そんな昔の話を蒸し返して……」と済ませるべきことでもなさそうだ。それよりその背後に見え透ける、根強いとある価値観が気になって仕方ない。人間観が、社会で他者と共生しているのではなく、まるで、社会に真空状態で浮かんだ、非常に個体、個別的な前提になっているように思えるのだ。

というのも、今日とて現に、漢字が苦手な小学生の息子は、みんなより多く漢字特訓用の夏休みの宿題を出されて、ひーひー言っている（たくさん書けば、書けるようになるのかは不明だ）。

また、娘が通う保育園の教育目標は「自立する心」で、連絡帳にはよく「苦手なピアニカも自主練を重ねて徐々にひとりで演奏できるようになってきました」などとある。

余談だが、皆が〝ひとりでちゃんと〟弾けるように、保育園でも習熟度別に三つのグループに分けて練習していると聞いて驚いた。合奏するでもなく、〝ひとりでちゃんと〟ピアニカを弾かねばならない場面はこの先の人生でどのくらいあるのだろう……なんて考えてはいけない。

本筋に戻るが、私が着目したいのは、ひどいかどうかではない。「社会は厳しい」「ひとりでできなきゃ」「早くから楽を覚えて苦労するのはこの子（生徒）ですから」

——と、四半世紀前も、今の先生方も異口同音に語ることが非常に興味深いのだ。

ひとりでできるようにならないと「苦労するのはこの子」

そう、先生たちは、厳しい社会で我々が生き抜けるよう、できるだけ個人が〝できないこと〟がないように私たちに「一人前」になること、「自立」を促してくれているのだ。今も昔も、心を鬼にして。

それもそのはず、「自立」はある種、教育のゴールとされてきている。2006年に改正された教育基本法にも「義務教育として行われる普通教育は、各個人の有する能力を伸ばしつつ社会において自立的に生きる基礎を培い（中略）資質を養うことを目的として行われるものとする」（第5条2項）と、あるとおりだ。

どう生きるかは、「自分」にかかっている。それももちろん一理あることはわかるのだが、やっぱりどうも、あれもこれもひとりでできる「自立」が孕む、マッチョな世界観が気になる。

確かに「社会は厳しい」のだろうが、マッチョなほうへ皆で猛進しようとするからこそ、より「厳しい社会」になっている……という皮肉な可能性について、いかほど検討されてきているのだろうか。

言葉尻こそ違えど、できる・できないという能力主義の延長線上にあるのが「自立」だ。生きづらさの軽減を、「自立」という名の能力主義に求めて、道は本当に開けるのだろうか。疑問は尽きない。

誰にでも、ある環境下においてあればできてもこれはできない、などというのはある。かつてできていたことが、できなくなることだって当然ある。

そのことは、人っ子ひとりでこの世を生き抜くほかない前提ならば「苦労する」のかもしれないが、そんな真空状態にある人間を私は見たことがない。

仮に「自立」しているとされている人も、自分ではできない・しないことを周りがしてくれるおかげで、生きている。誰かが育てた食糧をいただき、ゴミを回収してもらい……etc．生活を成り立たせているのだから。

それなのに、あたかも〝本当にできる人〟は、自力で立ち、自らを助け、決して人に「迷惑」なんてかけてませんふうの「自立した人間観」。これを目指すように促しながら、〝社会は厳しいから自分で生きないとね〟と個人に発破をかけつづけるというのは、いささかマッチポンプ感がある。

未熟上等

「よりよい社会」と言うならば。促進すべきは「自立」した〝すごい人〟に育て上げることではないはずだ。あれはできてもこれはできない、といった、ごく自然な自己を出し合える場を増やし、そのうえで「助けあおうよ」となっていくことのほうではないだろうか。未熟上等なのだ。「早くから楽をさせたらろくな……」などともよく聞くが、いやいや……と思う。何かを人並みにできないことは、本人が楽をした結果ではあるまい。

凸凹のある人同士がどうにか組み合わさって活動し、予定調和ではなく、まだ見ぬ世界を互いに見ること。それが生きることだと私は信じているし、そういう姿を組織開発の現場で何度も何度も目にしてきた。ありもしない「自立」に心を砕く前に、人と人との組み合わせの妙を探究することこそ、当たり前であってほしいと願っている。

そういえば、２０２４年の新書ベストセラーに『なぜ働いていると本が読めなくなるのか』[22]という一冊がある。詳しくはお読みいただきたいところだが、要するに、「全身全霊」で働くことをよしとする労働観が、我々の首を絞め続けている点を指摘していて、その代案として、「半身」で働くことを提唱している。完璧でない者同士、持ちつ持たれつ、組み合わせの妙で歩んでいく姿に他ならないのだ。共感する。

その「人との組み合わせの妙」については私の専門とする組織開発の文脈で、もう少し述べておこう。デンマーク発祥のＬＥＧＯ（レゴ）社のブロックでイメージすることを、講演などでよくお薦めしている。

レゴブロックは色も形も大きさも異なる多様なパーツから成り、それらをうまく組み合わせることで、個々のブロックの小ささからは想像だにしない、息をのむほど繊細だったり、壮大だったり、変幻自在のオブジェクトが創作されることはご存じのとおりだ。巨大な船や、名画を再現した作品など、圧巻だ。

ここで思考してみたいのは、「自立」とはレゴブロックで言うならばどういう状態なのか、ということだ。一つのブロックでは、存在価値が見えにくい面もある。組み合わせてこそ、だ。

だが、人間界ではどうだろう？　まさか、このブロック一つ一つに対して滑稽にも、

22. 三宅香帆　集英社新書　2024年

「かっこいい『一人前』の船になれ!」と要求するようなことが、当たり前のように起きていないだろうか。

持ちつ持たれつ、組み合わせてこそ

組み合わせれば、皆で見たことのない世界が見られたかもしれないのに、「自立」の号令のもと作っているのは、見慣れた船の小型版……になっていないか。多様な色・形・大きさのブロックそれぞれが、他のブロックとつながって役目を果たすのに、個々のブロックに対して、「新しい時代はこの色が『優秀』」などと、〝良い色〟〝良い形〟〝良い大きさ〟を一元的に規定し、画一的な「よい船」像が煽られているように、私の目には映っている。

〝すごい〟個人かどうか、はどうでもいい。〝完璧〟かどうかなんて、知ったこっちゃない。「組織開発」の入り口は、組織の個々人がどのような色・形・大きさをしたレゴブロックで、事業の目的・組織が生み出したい価値に対して、どのように組み合わせることで新しい景色を見に行けそうかを、知ることにある。

「自立」した人間は揺らがないかのイメージがあるが、それも虚構だ。どんな人も揺らぎの中にある。揺らぐ者同士が手を取り合うのだから、無数の変数がうごめくような、紆余《うよ》曲折はあって当たり前だ。いつだってガチャガチャで、手が焼ける……。ありもしない強い人間像を基にして、個人に良し悪しをつけ、序列化することのほうがよほど簡単で、ついそっちに流されそうになる。

　でもだからこそ、物事を決めつけず、今ここを互いに見ることが、慈しみ深い。楽をしてはいけないのなら、せめてこっちの苦労をしたほうが「よりよい社会」につながるように思う。

　昨今、“PLAYFUL”などのキャッチコピーで北欧の働き方や人的資本モデルが紹介されることがある。私も興味深く追っているのだが、“PLAY”という英訳にはどうも違和感があると拙SNSで発信したら、ありがたくもデンマーク在住ジャーナリストで『デンマーク人はなぜ4時に帰っても成果を出せるのか』[23]が大ヒットした著者の針貝有佳《はりかいゆか》さんが反応してくださった。そして、厚かましくも、取材を申し込むと、快く受けてくださった。

　そこで、留飲が下がる思いをしたのが、LEGO社の由来である、leg godt（デン

23. PHPビジネス新書　2023年

マーク語。「よく（godt）あそべ（leg）」と和訳される）のlegeという動詞について。

これは本来、「実験的にやってみる」「いじってみる」という意味なのだそうだ。「大人よ、もっとあそべ」ではなく、「とりあえずやってみる」環境をつくれているか、あーでもないこーでもないと実験しつづけているか、が本題なのだ。エラー前提でトライさせるというのは、結局、人間同士の信頼の話なのかもしれない。大変示唆深かった。

さて本章では、半チャンラーメンに始まり、「自立」ということばを、「高い能力」「強さ」など、当たり前のように「正義」と信じられがちなことの一例として、疑ってみた。

あれもこれも自力ででき、立つことのできる個人の育成を目指す「人材開発」ではなく、凸凹ある者同士をいかに組み合わせるかを考え、試行錯誤しつづける「組織開発」という角度からだ。

「よりよい社会」と言うならば。社会が個人に「一元的な正しさ」を押しつけ、人を

「分け」、「分け合い」を決めている限り、前途多難と言わざるを得ない。「自立」くらい一見すると眩《まぶ》しい価値観こそ、立ち止まって眺め直す。「半人前」のチャーハンのようなありがたい存在は、あなたの、私の、人生のあちこちにきっとある。

（2023年8月23日公開）

第9章　覚悟――結果論かつ強者の論理

「その程度の覚悟なら」

2024年8月末。NHKが放映したドキュメンタリー番組[24]が話題を呼んだ。セクハラで起業を諦めたという女性の告白であった。勇気ある告白から、男性中心社会を問い直すものもあれば、「その程度の覚悟なら起業は向いていない」という意見を実名を出して熱弁する姿や、その言いぶりに「よく言ってくれた」と賞賛する姿すらも数多《あまた》見られた。

「覚悟」を問われる、その程度の「覚悟」なら――などと時に人は易々と言う。しかし同時に、何かこう、違和感がつきまとうのは、私だけだろうか。

24.「〝女性起業家の半数がセクハラ被害〟スタートアップ業界で何が――性暴力を考える――」NHKみんなでプラス　2024年8月28日公開

その場面に居合わせたわけでもなく、背景も千差万別であり、「危機感」や「絶望感」というのは言うまでもなく人によって異なる。その状況把握の不完全さは棚上げにして、よくも他者に「その程度の覚悟」と言えてしまうものだと、唖然とする。

後付け、強者の論理

自戒を込めてだが、「覚悟」と言いたくなったときは、そのことに意図があるはずだと考えている。たとえば、

✔何を得ようとしているのか？
✔何から逃げようとしているのか？
✔誰の口を塞ごうとしているのか？

……などなど、考えたほうがよさそうだ。

思うに、「覚悟」というのは、事後的に（結果的に）、うまくいった人が、後付けで

状況を肯定する際に、使いやすいのではないか？　と考えている。うまくいけば、「覚悟を決めていた」人であり、うまくいかないと、「覚悟が足りない」人になる。生存者バイアスを肯定してくれる便利ことばと言ってもいいかもしれない。

その可能性が拭えない限りにおいて、「覚悟」なんて言うのは、せめて、自分語りをする際だけに、使用をとどめておいてもらいたいと思う。

「能力」のごとく、捉えどころのない大きすぎることばなのだから、間違っても、人に問うたり、ましてやそれをジャッジメンタルに「覚悟が決まっていない」「覚悟が足りない」などと上から評して、わかった顔をしては、事を見誤るのではないか。

線虫と覚悟

こんな角度からも検討してみたい。唐突だが、線虫がん検査の話をする。

というのは、これを執筆している最中、「線虫でがんがわかる」とうたう某がんスクリーニング検査を信じたために、大腸がんの発見が遅れた人の記事[25]が話題になっていた。

25.「【実録】線虫検査で「進行がん」見逃した男性の後悔」NewsPicks 2024年9月3日公開（newspicks.com）

この線虫がん検査。医療者の中では端から曰く付きだったらしい。「高リスク」と診断された人から実際にがんが見つかることは、1％に満たないというデータがすでにある。[26]逆を言えば、「低リスク」と言われた人の中からがんが見つかることも、この記事のように、そりゃあるでしょうねぇ、と。いわゆる偽陰性だ。

線虫がん検査の信頼性についてこれ以上語らないが、ここで着目したいのは、次の点だ。記事によると、その人は、線虫を使った新しいスクリーニング検査を信じるがあまり、便潜血が続き、医師から大腸内視鏡検査を勧められていたにもかかわらず、断りつづけたというのだ。

初作に著したとおり、スピリチュアル整体師にはまってステージⅢCまで進行乳がんに気づかなかった私にとっては、難なくわかる話だ。信じたいものを信じたのだろう。

ここから何が言いたいかと言うと、結果的に危うき選択も、そのときそのときは、「覚悟」して選んでいるのだと思う。そうした決断をあとから「信じられない」「そんな甘えたことを」などと言い、「覚悟」を指摘することは容易い。だって、後付けだから。そんなふうに、相手の過去の状況判断を「覚悟」の問題にして指摘することは、

26.「【線虫がん検査】「的中」1％。全国調査でも低い精度あらわ」NewsPicks　2024年9月2日公開（newspicks.com）

何かを解決するのだろうか。指摘する側はスカッとするかもしれないが、それで片付く問題、救われる個人はいかほどいるのか。むしろ、「覚悟」ということばであとから指摘、説明したくなる事象というのは、事の本質を捉えきれていないときなのではないか、と考える。本当に過去から学びを得ようと振り返るのなら、「覚悟」の問題にしないほうがよほど、現実的なリフレクションになるのではないかと思えるのだ。

「覚悟」の前に「弱さ」を認めること

「覚悟」のような、強固そうな響きがあれど、中身はあいまいなことばで過去を振り返った気になる場面こそ、本筋から目を逸らしているのではないか。そう思ってみると、皮肉なもので、「覚悟」論を振りかざすときほど、揺らぐ情動、合理的な説明のつかなさ、概して「弱さ」「怖れ」のようなものから逃げ惑う様相が目に浮かぶ。

線虫がん検査の話で言えば、新しい検査結果のほうを信じるという選択に際して、何を得ようとし、また何から逃げようとしていたのか？　これは問題を「覚悟」論で片付けようとするより、振り返るに値する問いであろう。

私たちがわかっていることなんていうのは、ごくわずかだ。おおよそはっきりしているのは、

✔いろいろな部分に、いろいろな局面で、「弱さ」を抱えている

ということくらいだろう。

相手の意志や権利を汲めない弱さ。ゴリ押しして、声をあげたら黙らせようとしたくなる弱さ。再三の再検査要請をなかったことにしてしまう弱さ。それを認めず、新しい検査の精度に問題を還元しようとする弱さ。

いいも悪いもなく、私たちはことごとく弱い。

でも、その弱さを認めざるを得なくなった地点こそが、あなたの・私の人生における岐路である。そしてそこが、「自分を生きる」始点でもある。弱い自分を生き切るには、周囲に感謝し、生き抜くのではなく、生き合うには？　考えない日はない。

釈迦じゃあるまいし。覚《さと》り、悟るなんて、なんぼのもんじゃい、ということだ。

第10章 成長——後退、停止、逡巡の価値

「成長」という宿命

グローバルニッチトップ企業で、クライアントの一つである某メーカー。ある日、人事管掌役員とこんな立ち話に。

＊＊＊

クライアント（以下「ク」） 開発部のAですけど、降格にはしませんが、異動です。部下なし、つまりひとり部門の部長でやってもらうことになりました。本件、まだオフレコでお願いしますね。

勅使川原（以下「勅」） Aさんですか？　そうですか……。悪戦苦闘というか、

孤軍奮闘と言うべきか、何かとご苦労はあるご様子だったかと思いますが、なるほど。結局、〝成果が出ていない〟といった判断になった、ということでしょうか？

ク　基礎研究だからそんな一朝一夕な成果を求めてきたつもりはないですけど、それにしたってあいつはダメですね。「成長」のないやつというか。実力不足です。

勅　確かAさんって新卒で入って、今年で勤続……？

ク　25年ですね。僕の五つ後輩ですから。

勅　25年間勤めて、「成長」のないやつ、ですか。彼なりに紆余曲折あったでしょうに。

ク　まぁそれを言ったら誰でもありますから。企業も人も、前進、発展あるのみ。「成長」は至上命令、宿命と言ってもいいですよ。

＊　＊　＊

「成長」がない、とはどういうことか

実話を基に、エピソードは創作していることを断っておく。いろいろと、お尋ねしたくなった。「では人事管掌役員であるあなたの『成長』は何を指すのでしょうか？」とか。

Aさんのことも存じ上げているだけに、「なるほど、Aさんの『成長』というのは何を指すか、特に研究者の『成長』について、評価項目と日常業務におけるその到達状況について詳しく、お聞かせ願いたく……」なんて深掘りしたい気持ちもあったが、立ち話だし、丁寧に話さないとこじれそうだ。その場ではいったん、口を結ぶことにした。

でも、考え込んでしまう。「成長」とは一般的に、何かが伸長、拡大、増大してことを成す、できなかったことができるようになる……etc.そんな意味だ。

総じて、〝よくなる〟こと、めでたいことと言ってもいい。となると、「よりよい社会」といったことばとの相性はある種抜群。「よりよい社会」に向けて、「持続可能な

開発」や、持続的「成長」を目指そう、といった文言もおなじみだ。

先の役員ではないが、「成長」「前進」「発展」……は、耳にしない日がないほどの頻出ワードだ。これは企業のみならず、教育の現場などでもそうかもしれない。

ただ、そんなふうに多用され、かつ、社会においてみんながみんな志向すべきものと信じて疑われていない様子のことばこそを問い直すのが本連載だ。

これまで扱ってきた「能力」や「自立」につづいて、今回は「成長」について、ちょっと立ち止まって吟味してみたい。


「大きいことはいいことだ」的な世界観だけが「成長」なのだろうか。

結論を先取りすると、「成長」は前だけを向いて、目に見えてできなかったことができる、大きくなる、増える、拡がることだけではないと私は考えている。

どんな状態であれ、刻々と変化する状況に身を委ねたり、時にちょびっと抗ったり。その人が懸命に現状に対峙《たいじ》することも、「成長」じゃないか。そうでなきゃ、Aさんのように、役割・立ち回り上、報われにくい人が大量に出てしまわないか。もとい、もう出ているのが、現状の社会・組織課題と言ってもいいかもしれない。

たとえば、旗を振って、猛烈に売り上げをあげることはわかりやすい「成長」だが、本当にそれだけが「成長」なのか、問い尽くされているだろうか。そういうがむしゃらさ、高度経済成長期のような右肩上がり感を、この期に及んでまだ個人に求めていないか。もっと言えば、その単線的な「成長」を求めるほどに、「よりよい社会」は実際のところ遠ざかっているのではないか。

ちなみに、こう息巻いたところで、私の意見はなんらメジャーでないとの自覚はある。社会を見渡すと、〝個人ひとりひとりがもっと「優秀」ならば、もっと「成長」を遂げることができ、「よりよい社会」になるだろうに〟――そんな前提が見え透けるかの施策がゴロゴロ転がっているのだから。

岸田内閣肝いりの「新しい資本主義」は、「リスキリングによる能力向上支援」を「分配戦略」だと説明しているくらいである。〝みんながもっと「できるようになる」ことが増えないと、「成長の果実」なんて夢のまた夢ですよ〟――そんな啓蒙が国をあげて行われている、とは言いすぎではないだろう。

かと言って、国が強引に仕向けていることでもない。拙著の読書会が全国津々浦々で開催されているのだが、その中の一つで、印象的なことがあった。

参加者のお一人であった霞が関の某省の方が、とても率直なご質問をしてくださった。「（勅使川原の）言いたいことはわかるが、『弱い個人』だけが集まっても仕方ない。『強い個人』は必要だ。強くなって『成長』を志向せねば」といった話だった。繰り返すが、とても正直なことばを投げかけてくださったと思う。この方だけの思い込みだとは思わない。

社会の全体最適を考えたときに、強弱や優劣で人を捉え、弱いより強いほうがいい（劣っているより優れているほうがいい）、と発想することは、およそ当たり前と言えるほどに浸透している。子にわざわざ〝弱くあれ〟と願う親はそういない（子が「弱い」と生きにくい社会の側に問題がある、とする「社会モデル」という考え方も当然あるわけだが）。

だが、やっぱり引っかかる。実はそれからさらに後日、冒頭のAさんを社屋で見かけたのだが、私に気づくなり目をそらされてしまった。

組織開発を請け負うのなら、経営層まで、至上命令、宿命とまで呼ばれる「成長」ということばの意外な多義性を、早々に議論しておくべきだった。私の力量不足だ。Aさんの目は、さもこう訴えかけていた。

無視された多義性

「『成長』『成長』って、役割の違いはどう踏まえて評価しているんですか。25年間、僕のペースで、貢献してきた基礎研究は確実に存在していています。基盤すぎて気づかれないなんて、そんなバカな話がありますか。『成長』をどの分野にも同じ明度で求めることは、単に〝成長してる感〟の見せ方上手が勝ち残るだけではないですか？」と。

「自立」について問うた8章で、個人をLEGOブロックの一つとたとえた。組織は多様な色・形・大きさのLEGOブロックが点在した状態だ。大事なのはその一つひとつのブロックに良し悪しや序列をつけることではない。想像だにできない壮大な作品（巨大な海賊船など、見たことがあるかもしれない）が立ち現れるのを夢見て、無我の境地でブロックを組み合わせていくことだ。

多様なブロックがあってこそなのに、ブロック一つひとつを組み合わせるどころか、「自立」した、「成長」著しい、「強くて優秀」なブロックにしよう、なんてことにいそしんで……せいぜいできるのは巨大な海賊船どころか、見慣れた船の小型版、それにも似たようなのがたっくさん……がオチである。

Ａさんの「成長」でいえば、凸凹の組み合わせなのだから、ぐいぐい「成長」している感をアピールする凸がいれば、その足場には地味な基礎研究という凹もあってしかるべきだ。光があれば影があるではないか。

この陰影礼賛的な考えは、人と人の組み合わせもだし、ひとりの人間の内側にも当てはまると、自身が大病をしてからことさら思う。講演やインタビューなどでも繰り返し述べてきたことだが、簡単に「弱い」／「強い」とか、あの人は「成長」している／していないと、個人を称することに私たちはあまりに慣れすぎている。

二元論、断定を超えて

だが、まずもって認識しておきたいのは、それらは個人の「能力」でもなければ「資質」「特性」でもない。仮に、「弱い」「成長していない」と見えたとしても、「今は『弱って見える』」「目立った『成長』が見えにくい」という「状態」の話に過ぎない。強いときもあれば、弱いときもあるのが人間だ。

私事で恐縮だが、私も「能力」などを増大、伸長、拡張……いわゆる「成長」の定義を追いかけて、競争しながら生きてきた。でも、病気で、突如として、自分のいろんなものが減少、減少、減少……できない、できない、できない……になっていった。悲しいかな「成長」するのはがん細胞くらいで、白血球も体重も髪も、なんなら仕事の時間だって、伴って貯金だって……減っていく。

でも、周りのおかげでどうにかやっている。なぜ今それが可能なのか。小さくて、使い道が限られそうなLEGOブロックだろうが、それでも周りは、私というブロックを組み合わせることをやめないでくれたからだ。おかげでわずかばかりでも自分ができることに邁進《まいしん》させてもらっている。

先日朝、台風の影響で首都圏も激しい雨風に見舞われた。学校へ向かう息子に久々に長靴を履かせようと出したら、今のサイズより1・5cmも小さいものが出てきた。わずか半年ほどで目に見えて足が大きくなる人。「成長いちじるしいねぇ〜」と口を衝いて出る。

と同時に、すかさず「足が大きくなることも背が伸びることもないけど、お母さんって『成長』してるかな?」と尋ねてみる。

隣にいた未就学の娘は「してない！」と即答。娘らしい。

小学生の息子は「してるよ！　つらいこともあるから成長するんだよ。光があるから闇がある、闇があるから光……」と。

思わず私は声を上げてしまった。

「おお息子よ、足以外にもこんなに成長しおって!!」


そう、「成長」は多義的なのだ。「よりよい社会」と言うのも、「成長」すべし！と言うのは簡単だが、その内実はそう直線的なことではない。前だけでなく、不意に後ろに進んでしまうこともある。自力ではどうにもならないこともある。だから「成長」してないね、ではなく、それでも他者とともにどうにかやっていけること。これ以上に「よりよい社会」はあるまい。

（2023年9月19日公開）

第11章　自己責任——応答からはじめる関係性

賛否ある「自己責任」に必要な問い

「自己責任」について考えてみたい。批判を起点にしない意味で、これまでとはちょっと毛色を変えようと目論《もくろ》む。

というのも、「自己責任」は、これまで述べてきた「能力」「自立」「成長」ということばと違い、礼賛一辺倒ではもはやない。それどころか「自己責任」を盾に公助を削減・放棄して、個人に圧をかける自己責任論というのは、少なからず批判にさらされてきた。しかし興味深いことに、いまだ正論の香りを漂わせ、一定の市民権を得ていることも事実だ。

それはつまり、私たちが今こそ問うべきは、〝自己責任論の何が問題か？〟ではない。そうではなく、〝これほど問題もある自己責任論がいまだ消え失せないのは、いかなる理由からか？〟と、問いをずらしてみたい。「自己責任」／「責任」ということば自体の解きほぐしが、手薄なのではないか？　と考えている。

職場でも「自己責任」ということばや、誰を育てるべきか？／活躍しない誰は実力不足として切り捨てるか、といった「選抜」論はおなじみだ。

とあるメーカーの社員（Mさん）は、理系大学院修了後、新卒で某メーカー研究開発部門に入社し、６年間奮闘してきた。しかし本人いわく「ある日突然、頭の中がぐちゃぐちゃになった」という。ほどなくして休職、精神科でうつ病と診断された。半年間の休職を経て、別の開発部署に復職。復職後の対応を上司が心配して、私との面談がセッティングされた流れだ。プライバシーに配慮して一部創作してある。

＊　＊　＊

勅使川原　復職、ドキドキしますね。

Mさん　しますねぇ。でも皆さんに気を使わせていて申し訳ないです。休職は自爆だったのに。

勅使川原　自爆？

Mさん　認めてほしかったんですよね。誰よりも仕事をしてる、できてるって。でも思うように褒められないから、あれ？　もっとやんないとダメなのかな？　じゃあもっともっと……なんてしてたら、あっという間にさばききれない仕事の山に。逃げるように休職に入ることになってしまいました。情けないです。

勅使川原　いやいや、ご自分とよく向き合っていらっしゃるんですね。

Mさん　そんな。仕事なんだから「自己責任」です。私がもっとちゃんと自己管理できていたらこんなことには。私の問題です。

＊　＊　＊

私が悪いんです

出た。この、「責任はひとえに私にあります」と言ったときのすがすがしさ。しかしこの一見した潔さの半面、責任の所在や「本当に悪いのは誰か？」のような犯人捜しに拘泥している点で、そこから打開策は編み出されにくい。これを言い切っている限り、意外かもしれないが、「自己責任」の内実を解きほぐす途《みち》は遠のく。

諦めちゃいない。現行の個人の不遇をその人の「能力」や「努力」不足に還元して語るような自己責任論なんて、この世から駆逐したい気持ちでいっぱいだ。だが、これだけ人々をある意味で引きつけてやまない「自己責任」なのだから、その両義性については丁寧に解きほぐすほかない。

強く自明性を放つような「言葉の磁場[27]」を一足飛びに変えることはできまい。あるいは、「言葉の磁場」はことばで変えるのではないのかもしれない。だから、「自己責任」について考えるときに陥りがちな罠《わな》と、そこから抜け出す方法について思考実験してみる。私が日々関わる組織開発の現場にも、意外なヒントが転がっているように思う。

「自己責任」の現在地

現在地を確認するべく「自己責任」ということばを朝日新聞の記事データベース

27. 本田由紀『教育は何を評価してきたのか』岩波新書 2020年 第2章「言葉の磁場」

（全国版）で検索する（1984年以降の記事）。金融の投資などに続いて、教育改革でも使われるようになり、時の小渕内閣の「個々人の自己責任と自助努力をベースとし」た競争社会への移行宣言（1999年2月の経済戦略会議答申）は大いに世間を沸かせた。極めつきは2004年のイラク邦人人質事件だ。

その後も「下流社会」や「格差社会」などのことばとともに今日に至るまで、〝人々の苦境は「自己責任」かどうか〟は絶えず問われてきた。

困っている人がいたら助けたらいいだろうに、それを退けるのは一体どのようなロジックか。それは、連載初回で述べたとおり、〝あらゆる社会の資源には限りがある〟という話がつながっていそうだ。

逼迫《ひっぱく》する財政・限りある財源を鑑みれば、〝どこを削減するか？〟が論点になることは必至のように見える。そしてさも〝助けるに値する人かどうかの「選抜」が必要〟であるかのように真顔で社会は人々に告げるのだ。

「自己責任」はその選抜試験の一つ。〝可能な限りの「自助努力」をしたのか？〟〝やめたほうがいい、と言われたのに「わがまま」を続けていないか？〟などを、見ず知らずの無数の人がつっかかってもよいことになっているかのごとく。これぞ、自己責任論の非情さは知るところだが、それなりに一理あるかのような扱いを引きずっている背景だろう。

〝みんなを助けるわけにはいかないから、「本当に困っている人」だけ助ける〟言説はかくも根深い。

だが、ここここそが岐路だ。ここで思考停止すると、自己責任論が暴論だとわかりながらも打破しかね、眼前の人は流血したままだ。

「自己責任」なんて言って、不明瞭な因果関係を特定しようとする前に、本当はまず手をつけるべきことがあるのではないか。

応答しつづけること

先述のMさんの事例を通じて、自己責任論との距離の取り方、「責任」との向き合い方について、腑に落ちたことがあり、その話をしたい。

「責任」とは何なのか。現場で思うのは、責任というのはその所在ではなく、実践でとるものではないか、ということだ。所在を言い出すと、個人に因果関係を帰す形であーでもこーでもとこねくり回して、空中分解してしまったりする。そうではなく実践にフォーカスすると、双方向的・構造的・現実的に眼前の事象を考える道がおのずと開ける。

具体的には、こうする。責任の所在はいったんわきに置く。そのうえで、responsible（責任がある）の元々の意味である、respond（反応、応答）できるかどうか＝応答可能性に焦点を当てる。覆水盆に返らずだが、経緯の「説明」や今後の方針案の「説明」は欠かせない。

「今ここで目の前の現状についてどう捉えているのか？」「自分はこう解釈してこうやってきた」「うちのチームとしてはこういうことを『責任』をもってやってほしい」「それならばここまではできるが、ここからはできるかわからない」……などと互いに言語化し、頭の中のことばを交換し合うことが先決であり、これぞ「私の責任」を果たすという、本来の姿ではないだろうか。

間違っても、相手の口を塞ぐような物言いをしてはいけないし、自ら殻に閉じこもるのもよろしくない。「責任」は、これまでとこれからについて「説明（応答）」することからしか果たせないのだから。他者（相手）と「責任」以外のことばを使ってやりとりし、「説明」という責務からまず尽くす。その上で、〝で、どうしようか？〟を決めてやっていく。

言うならば、「責任」というのは一度、「責任」ということばから離れてこそはじめて果たせるというパラドックスがあるのだ。

先のメンタル不調後の社員Mさんの事例に戻ろう。

＊＊＊

勅使川原　誰の問題、って言って、事がうまく運ぶならいいのですが、仕事ってそういうことですかね？　みんなでその場その場でやってきたことじゃないですか。Mさんの熱意は受け止めつつ、次は安心して一緒に仕事したいと皆願ってます。そのためにMさんができること、周りができることを考えたいだけなんです。

Mさん　まぁ……そうですよね。

勅使川原　これからどうするのがいいですかね。新上司のOさんも一生懸命考えてます。Mさんも諦めずに胸の内を見せながら、〝ここまでやりたいですが、実はここが引っかかってます〟とか、出していってほしい。そんな簡単なことではないでしょうけど。だから今日は手始めに、私がMさんの思いを○部長に代わって承ってみたいのですが、いかがでしょうか？

Mさん えっ、えっと……（しばし沈黙）……実は休職前に携わっていた○○の開発の件、まだ気になってます。もうとっくに引き継がれて、しかもうまくいってるらしいのでいいんですが……休職前の2年間は私がやってきたことだし、なんなら修士のときの研究そのものだったりして、思い入れが。復職後、気持ちを切り替えて頑張ろうって思いつつも、気になってしまう自分が実はいます。

勅使川原 よく話してくださいました、私も同じ立場なら気になりますよ、それは。何か、切り替えるきっかけになるようなこと、ないですかね。できるかわからなくても、こんなことがあれば、自分の中のモヤモヤと決別するきっかけになりそうってあります？

Mさん いやぁ、私が言えることはないです。「自己責任」でここまでなってますから。もうすぐ特許出願ってとこまできてるらしいですし。

勅使川原　いやだから「自己責任」は置いといて。ん？　出願？

Mさん　はい。

勅使川原　おっと。じゃあ無理かもしれないけれども、たとえば2年間の基礎研究分は紛れもない貢献ということで、出願者名にMさんも入れてもらえたら、どうですかね。

Mさん　え、そんなぁ。いや、それめっちゃ……うれしいです。

勅使川原　Oさんにお話ししてみます、今回は私から。無理だったら本当にごめんなさい。で、重々お伝えしたいのは、これからは徐々に直接こういうやりとりをしていってほしいんです。難しかったら呼んでもらって構わないですけど、他者と働くって、そういう思いとか考え、つまり頭の中のことばを交換することが何よりも大事な「職務」ですから。

＊＊＊

本当の「自己責任」とは何か。「自己責任でしょ」と相手を責めてみたり、自分の至らなさを封印したりするかのごとく、先手必勝とばかりに「私が悪いんです」と言うこと。

このことに清々している場合ではない。

「いや、で、責任とかはもういいから、どうしようか?」「何か私の側でもできることがないですか?」と地に足のついた、協働、共存に向けた問いを繰り出したい。

ケア対象を絞る逃げ口上

誰は助けるに〝値するか?〟とか、誰は助ける〝甲斐がない〟とか、考えている暇があれば、「説明」し合える場をつくり、これからどうしようか、を引き出すことに熱意を傾けたほうがいい。

繰り返しお伝えしたいのは、このことばのやりとりは、選ばれし「本当に困っている人」だけにやるべきだ、という合理性はかけらもないということだ。逆に、「責任」ある立場でありながら、「説明」がない/不足していること、ことばのあやの話ばかりで、〝で、どうする?〟という問題の本質に斬りこまないものは、今後も断じて許すべきではない。世間をにぎわせるあの話題、この話題にも転用可能だとお気づきのことだろう。
他者（相手）と、「責任」以外のことばを使って、これからに向けた具体的な知恵を出し合うことには一生懸命でありたい。いったん「責任」から離れないと、「責任」の問題はほぐされないというパラドックスを頭の片隅に置きながら。今日も真摯《しんし》に対話を重ねて歩む。問題の本質がそこにあるかに見せて、前を向いて進んでいくことの役には何ら立たないような「自己責任」なんていうがらんどうのことばに気を取られることなく。

（２０２３年10月19日公開）

第12章 リスキリング——「生き残り」をかけるのは誰？

「リスキリングしないと生き残れないよ」

家のインターネット接続が悪く、ルーターに貼られた極小のパスワードを携帯で撮影し、それを画面拡大しつつ、声で読み上げながら、「d08af……」などとパスワードを打ち直していたときのこと。それを横目で見た小学生の息子に「お母さん、携帯で撮った文字列の画像は、そのままテキストとしてコピペできるよ？」と言われた。腰が抜けるほど驚いた私。本当だ。「え！　すごい、すごい、すごすぎる！」と狂喜乱舞する私に息子がもう一言。

「お母さん、リスキリングしないと生き残れないよ」

「リスキリング」ねぇ。言いたいことはわかるのだが、労働をある程度専門としている私としては、「ちょっと違うんだよなぁ」という気持ちもある。「リスキリング」の現在地を解きほぐしたうえで、教育社会学を修め、組織開発に従事している者として感じる、指摘されてきていない「リスキリング課題」について述べたい。そこを突くと、仕事の根源が見えてくるからだ。

また、前章に続いて本章でも拙著『「能力」の生きづらさをほぐす』のごとく、ある日のわが子との対話形式（フィクション）でお届けしたい。今はまだ幼いが、拙著の設定と同様に、子どもたちが社会人2年目と高校2年生になったと仮定して、彼らとの対話を描いてみる。なぜなら、彼らがわかるようにと意識することほど、思考実験が進み、けむに巻かない解きほぐしの一助になるものはないためだ。

＊＊＊

母　今日さ、ダイ（息子）に「リスキリングしろ」って言われちゃった。

娘　「リスキリング」ねぇ。まぁだいぶ聞き慣れてきたよね。「会社で『生き残る』ために〜リスキリングを成功させるポイント」なんてニュースを見たよ。大人っていつもせき立てられていて、大変そう。

息子　大変そうって言うけど、「リスキリング」って「学び直し」のことでしょう？　これからの社会には「学び直し」だか、アプデ（アップデート）だか、何かしらトランスフォームする（変わっていく）ことは必要なんじゃない？

母　うーん、そこなんだけど、元々の英語の reskilling ということばは、組織が新たな事業戦略に必要なスキルを習得する機会を従業員の就業時間中に提供することを指すんだ。

　つまり、いま産業界で使われているのは、人材不足やＡＩ化に伴い消失するかもしれない労働をＤＸ化で求められるスキルを持った人材に移し替えていこうという、労働移動に向けた取り組みを前提とする。

　単純に個人の「学び直し」なら、「リカレント教育」や「スキルアップ」とかっていうことばが類語になるけども、「リスキリング」の主体は本来的にはあくまで企業ということ。

息子　あ、じゃあ「生き残り」って、企業の生き残り、って意味か。

娘　英語の reskilling と最近日本語で使われている「リスキリング」が微妙に

違っちゃっているんだね。そういえばつい最近の新聞でも、「リスキリング（学び直し）」と、言い換えている表記を見た気がするんだけど？　これだと「リスキリング」というのが個人の話なのか、企業の話なのか、はたまた好きなことを会社を離れて学ぶのか、社内労働移動を前提にスキル習得を就業時間中に行うのか……ｅｔｃ．っていう大事なポイントが一緒くたになっちゃいそう。

ねじれた日本版「リスキリング」

母　そのとおり。日本の「リスキリング」は初っぱなから、定義のあやふやさでしくじっていると言わざるを得ない。

まじめに遡ると、アメリカでは２０１５~16年に登場したとされている。日本では、たとえば朝日新聞のデータベースでは、紙面（全国版）で初登場したのは２０２１年10月で、労働流動性を高める政府主導の施策の例として、「リカレント教育」と並列して「リスキリング」が登場。

ちなみに国会では、その2カ月後の12月に「リカレント教育やリスキリング」を国に支援するよう求める発言として初登場。岸田文雄首相は「学び直しや職業訓練の支援を行って、円滑な労働移動、これも実現していかなければならない」[28]と切り返している。

全国紙にしろ、国会答弁にしろやはり「リスキリング」は「リカレント教育」「学び直し」とおおよそ同義のものとして扱われることがあり、かつ、行為主体は個人なのか企業なのかうやむやな感が否めないというわけ。

息子 労働移動を前提とした社員の就業時間中のスキル獲得を支援する、という本来の文脈を表す適切な日本語が存在しないくらい、それほど新しい概念ってことなんだろうなぁ。

母 そうだね。別物ではあるけど、聞き慣れたことばで言い換えないとさっぱり理解されないし……という葛藤は想像できるよね。でも、だからといって、「リスキリング」の定義がおぼつかない中であった2023年1月の岸田首相の「育休中のリスキリング」発言は、やっぱりまずかったかな。あれで一躍周知されたとも言えるけれども。

28 国会会議録検索システム

娘　育児休業中の人が「学び直せ」と言われたら、腹が立つ人もいるだろうね。

母　そうね。ちょっとここで首相の発言への相次いだ批判（誤解を含む）を改めて振り返ってみたいんだけど。こんな感じかな。

●赤ちゃん育てたことないだろ！（男性中心社会へ向けた批判）

⬇個人の「スキルアップ」を就業時間外に促された、と理解しての反発

重ねて、この論も見られた。

●子育ては立派な「学び直し」ですけど！

⬇（リスキリングが）「学び直し」と同義とした場合の反発

また、労働問題に詳しい社会学・教育学の専門家からは

●経済対策を個人の「能力」に求めるな！　問題のすり替えだ！

⬇経済対策としての労働移動は企業が個人に「リスキリング」を支援したくらいでほんとに実現するのかよ？　という反発

息子　があったかと。「リスキリング」そのものの定義が揺らいでいたら、そりゃあ多様な角度から批判の矢も飛ぶわけだ。

母　そう。それでも岸田首相はめげずに、2023年11月1日に開かれた「日本リスキリングコンソーシアム」のイベントで、「まさに、人の底力を高めるリスキリングは、日本にとって更なる経済成長の鍵であると確信しています」との力強いことばを寄せたそうよ。我が国の窮状を「国難」と表現する首相が打ち出す「経済成長の鍵」が「リスキリング」にあるって言うんだから、〝いろんな解釈があるんだね～〟〝批判はつきものだよね～〟と聞き捨てている場合ではないでしょう？

娘　母さんがこの連載で取り上げる理由はそこだね。でもさ、定義がぐだぐだなままでは、「リスキリング」の定着は厳しそうだね。日本流 reskilling が何なのか？　いま一度、政治・経済界の声の大きな人たちが公言したほうがいいんじゃないかな。

母　そうだね、そこは避けられないかと。ただね、カチッと reskilling を定義すれば「リスキリング」が受け入れられ、浸透・進展するとは、現状の限りでは母さんには思えないんだ。

息子・娘　どういうこと？

母　「リスキリング」の問題を、定義のあやふやさから見てきたけど、それだけではないと考えている。先達のまとめた資料から考えてみよう。

「リスキリング」のこれからについて、民間の労働分野の権化とも言えるリクルートワークス研究所の研究員が経済産業省の検討会で発表した資料が手元にある。

「リスキリング」の本来の定義や、海外との比較、リカレント教育や学び直しといった似て非なることばとの違いの説明、企業側の「リスキリング」への誤解などが並んでいて、「リスキリングの何が日本企業にとってチャレンジか？」で締めくくられるのだけど、ここが実に興味深くてね。

要約すると次の3点が挙げられている。

❶どのスキルを教えるべきか？

❷どう教えるべきか？
❸どう（必要性を）伝えるべきか？（なぜやるか？）

息子　ん？　どこか問題？　妥当そうに見えるけど。

母　what、how、why……と網羅性を確認すると気づきにくいのだけど、本当に大事なのに抜け落ちていることがある。

抜け落ちた「成果」の議論

母　それは、まず、仮にある人が企業の支援を受けて「リスキリング」したとして、それをどう企業は「評価」するんですか、という点。さらには連載初回にお伝えしたとおり、それをどう、「分け合い」（配分／処遇）に反映させるんですかという点が問い尽くされているかどうかなんだ。

娘　何を教えるべきか、どう教えるべきか、それをどう啓蒙すべきか、と同時に「成果」の定義も不可欠だよね、ということね？

母　いかにも。「リスキリング」に限らず、「パーパス」でも「ウェルビーイング」でも「ジョブ型」「リモートワーク」でもなんでもいいのだけど、何をやるか、どうやるか、どう啓蒙するか（なぜやらねばならぬのか）はいつも話されているけど、何をもって「成果」とするかはびっくりするほど議論の俎上に上がらない。

　これは実は、広く仕事論に通じる話で、「リスキリング」に限らず、「人的資本経営だ」なんだと言って、「求める能力」の話はしても、「成果」、その「評価」の言及は政策決定者などの力のある人たちからもほぼ上がってこない。

息子　必要性を説得されたとしても、いざ努力してどう評価され、処遇につながるのか？　がある程度明文化されていないと、なかなか労力をかけにくいよなぁ。

母　そう。ただでさえ、時代の流れとともにいつだって個人や企業に〝今こそ「〇〇力」を発揮せよ〟というプレッシャーがかけられてきた。でもこれまで多様な組織をみてきて思うのだけど、なぜ浸透しないかって、それらの「成果」「評価」がけむに巻かれているからではないだろうかと思うのよ。

娘　第1章、2章の話題とつながるね。有限な資源をできるだけ公平に「分け合う」論理として、人が人を〝何ができるか〟で「分ける」ことで「分かった」気になり、「分け合い」を決めるのが、能力主義だと母さんが言っていた。

その〝何ができるか〟の部分が時代時代で変わるのだけど、そこを追いかけてもらいたいなら、どういう状態を狙ってのことなのか、どうなればどう「分け合い」に反映されるのか、そこもセットで議論されてしかるべきだね、確かに。

母　と思うんだ。新たな力の要請が国からされたら、個人や企業は「それをどう獲得すると達成したことになるのですか？」「その成果はどう定義するのですか？」「評価はどうしますか？」という点まで詰めること。これこそが、いの一番に議論されてしかるべきことじゃないかな。日本の経済・労働問題の進展を願って「リスキリング」などということばの啓蒙に奔走するのならね。

息子　その点まで話題になることを期待したいね。定義問題で批判が閉じるのはもったいない。

＊　＊　＊

そう。現状はもったいない。とってつけた横文字を〝さぁどう流布してやろうか〟とやっている場合でも、〝なにこれ、またなんか言ってる、やだわぁ〟でなかったことにしている場合でもない。批判するにしても、定義のうやむやさの次のステージに行きたい。

「よりよい社会」と言うならば。ことば単体で拘泥せず、「分ける」「分かる」「分け合う」の円環を念頭に問い続け、「え？　何が成果なの？」と臆せず声を上げたい。

パスワードの画像をテキストにしてくれるなら、これまでいつも、本を見ては画面を見て打って……と書籍の引用は苦労してきたが、お手の物じゃないか!?　と気づいた。

息子に「本とか雑誌を携帯で写真に撮ると、完全なテキストデータになるね」と、追いついてます感をアピールすると、こう返ってきた。

「あー、そのあと人と共有するなら、携帯のカメラじゃなくて、LINEカメラで撮れば、抽出したテキストをそのまま人に送れるから、僕ならLINEにする」

あぁぁカメラと通信と掛け合わせて考えるのね……。「リスキリング」の道のりは遠い。


（2023年11月7日公開）

第13章 タイパ――納得した感

「タイパ」という人生戦略

先日ある新聞[29]に若手は「成長もタイパ」という見出しが躍っているのを目にした。つまりタイパ重視の若者にはもはや「石の上にも三年」は通用しない、という論調で、Xでよく拡散されていた。

私はというと、読むなりこの見出しのキャッチーさ、すなわちは大きすぎる主語や、あいまいな定義のまま時流を煽るトーンにどうも釈然としなかった。数的な長短で時間の「価値」を語り、「成長」をうたいつつも内実は本人の「成長実感」の話に終始している社会。これからどうなっていくのだろう。進行がんと闘う、教育社会学的視

29.「会社と社員 変わる力学（上） 若手、新興への転職18倍 成長もタイパ、居心地に背」日本経済新聞 2023年12月5日付朝刊

点で組織開発を専門とする者としては……真正面から問うてみたくなった。

――「タイパ」よく生きるという戦略は、こんとんとした時代を生きるうえで、旅路を導く杖になり得るのか。救いはおろか「タイパ」によって失うのは何か、と。

この「タイパ」ということば。『現代用語の基礎知識 2022』[30]に「タイム・パフォーマンス。時間効率主義。『タイパ重視で、録画を倍速で見る』」と収録された、れっきとした日本語だ。『映画を早送りで観る人たち――ファスト映画・ネタバレ――コンテンツ消費の現在形』[31]『ファスト教養――10分で答えが欲しい人たち』[32]などのヒットも記憶に新しく、タイパが今や若者の「生存戦略」とされるのも、あながち言い過ぎではない時代だ。

思い起こせば朝日新聞との出会いも、昨年末から今年の1月にかけた連載「タイパ社会　豊かな時間はどこに」であった。その第9回記事「子を残して死ねない過剰な『能力社会』　病気で気づいた生産性の意味」の取材で、本紙の問題意識と拙著のそれ――ものごとを過度に単純化する社会への危惧と、そこに隠された本来の多義性の再発見――が重なり合っていたことがご縁だ。

ただ、社会を席巻することばとはいえ、〈「タイパ」が戦略、もとい人々の救いにな

30. 五野井郁夫ほか　自由国民社　2021年
31. 稲田豊史　光文社新書　2022年
32. レジー　集英社新書　2022年

るのか〉は、議論の余地が大いに残されたままだ。詳しくは後述するが、定義からして前章の「リスキリング」の話ではないが、タイパを行動原理にするには心もとない点があると私は考えている。

ちなみに「時間効率」の意で、現代用語認定されている「タイパ」だが、もう少しネットで検索すると、「時間対効果（費やした時間に対して得られた効果の割合、満足感など）」という定義が散見される。また、似たことばには「生産性」を並列させる場合が多い。一般的な「タイパ」の印象どおりかと思うが、私にとってはますます違和感が募る。

というのは、経営の神様か仏様かは忘れたが、ピーター・ドラッカーがマネジメントの基本、「生産性」についてこんな語りを残していることを想起するからだ――「効率とは物事を正しく行うことであり、効果とは正しいことを行うことである」――日本でも信奉者が多いので、ご存じの方も少なくないだろう。

急がば回れ、誰よりも速く？

これは困った。ドラッカーが「効率」と「効果」をこうも明確に区別しているのに、当の「タイパ」はと言うと、「時間『効率』」「時間対『効果』」と呼ばれたりしているではないか。

やるべきだとされることをいそいそと素早く手順よく行うのか（効率）、動作を速めるというより、長い目で見て、有利な効用が得られるよう行動を選択するのか（効果）……そのどっちも重視するのがタイパということになるが、これは……〝急がば回れ、誰よりも速く〟と言っているのに等しい。ポップな響きとは裏腹に、本来、両立が異様に難しいことを要請していると考えてしかるべきではないだろうか。

「もののふの矢橋《やばせ》の船は速けれど急がば回れ瀬田の長橋」の連歌師宗長《そうちょう》も、さすがに「効率」と「効果」の両立はただちには無理だと悟って、安全性には代えられないという意の「急がば回れ」と詠んだのと違うだろうか。

言わずもがなだが、「有利な効用が得られる」かどうかという「効果」の話は、その場でそう簡単にわかるものではない。よって本来、時の流れに身を任せたり、立ち止まって振り返ったりすることが不可欠なはずだが、片割れの「効率」の観点がそれを許さない。それはつまり、時間を短縮させるという至上命令を前にして、「効果」

「効用」の話は実権を奪われ、異議を唱えたり、対話したりする余地は事実上なくなるのだ。なんという自縄自縛感。

そう、タイパ主義とは、今ここの経験が未来に及ぼす「効用」なぞ、正確に知りようがないのに、逡巡のため立ち止まっていることも許さない社会と言えるのだ。この原理原則が私たちを救うのかどうかは……一考の価値があろう。

またもう一つもやもやさせるのが、「正しさ」の話だ。

拙著でも記し、本書でも度々申し上げていることだが、「正しさ」というのはシンプルに見せて実に厄介なことばだ。万人が納得する世界にひとつの「正しさ」というのは存在し得ない。世界のあちこちで起きている争いは、それぞれの立場のそれぞれの「正しさ」を懸けた聖戦であるとおりだ。

そのうえで「物事を正しく行う」、ないしは「正しいことを行う」とは一体どういうことなのだろうか。経営や個人のキャリア、「成長」の「正しさ」とは、「正しい成長に必要な正しい行い」とは何か。それでも、それだからこそ、考えることをやめてはいけない。なのに、「タイパ」という号令は、空疎な「正しさ」や「効率」「効果」

でけむに巻いて、考えることを捨象させていないだろうか。

〝思いめぐらすという時間〟を否定した先で得る「正しさ」に、いかほどの価値があろうか。時間をかけずして見極めようにも、納得感を生み出しようもないのに、最善最短最速に自己決定しろと、我々を叱咤《しった》しつづける――これがタイパ社会の矛盾点であり、苦しさであると思えてならない。

さらに、この矛盾を言語化せぬまま、社会がタイパを追い求めると、何が起きかねないか。

自作自演の納得感

杞憂だといいのだが、私は懸念している――軽快なのはタイパの響きだけで、「効率」と「効果」を両立することはこうも困難なうえに、結局判断のよりどころになる「正しさ」はあいまい極まりない……ならば、「最善最短最速な自己決定をした」と後付けで自己を納得させようと暗示をかけてしまえ――とならないだろうか。

つまり、「タイパ」を志向して、「効率」「効果」を考えているようで実際には思考を早々に見切り、自身の「正しさ」や「意味」を拙速に主張する（「自分はこれでよかったんだ」）、なんならそうしている人が「タイパよく」生きている人になりはしないか。

自作自演の納得感がよりどころになった社会とは、いささか挑戦的な言い換えではあるが、想像するだに脆弱《ぜいじゃく》な社会だ。今以上に、自分以外の社会構造的な問題に目もくれなくなりはしないかと、危惧される。

何年か前のことだが、あるテレビ情報番組で、当時新進気鋭とされた論客がピクニック特集のVTRを見たのちにスタジオで「ピクニックって思うんですけど、行って帰ってくるんですよね？　何がしたいんですかね？　意味ないじゃないですか」などと司会者に畳みかけて笑いを誘っていた。タイパ論を考えるとつい思い出す。

この論者のいわば〝芸風〟なので、発言の是非を問う意図はない。ただ、老婆心ながら遠吠《とおぼ》えしておきたいのは、「意味」のある・なし、つまり「正しさ」は、すこぶる多義的で、それゆえいかようにもあとから味つけできるものだということだ。「意味ある」ふうのことだけをつまみ食いすることが、「タイパよく」生きることだと思うのは、この論者のピクニック評くらい滑稽《こっけい》なことだと心得ておきたい。そんな行動原理は、戦略でも薬でも杖でもなんでもない。

他方で、先月あるイベントで対談させていただいた評論家の與那覇潤《よなはじゅん》氏の新著『危機のいま古典をよむ』[33]に記されていた、三島由紀夫《みしまゆきお》の『青の時代』の解釈には留飲が下がった。以下の引用が特に、タイパ社会を考えあぐねる私にはしみた。

「時間のかからないことが論理の長所であり短所である。……論理の仇敵は時間であって、この仇敵を葬るために論理はしばしば未来へむかう。未来の確実さは時間の確実さだけに懸っており、論理にとってこれほど我慢ならぬことはない。そこで未来が論理的にも決定されていると言おうとするのである」

そう、三島はとっくのとうにタイパ社会、ないしは、わかりやすいものしか信じない私たちの性《さが》を見抜いていたのだ。とどのつまり、誰しも納得したいのが人間だ。そのうえで冒頭の「若手は成長もタイパ」論に戻ると、「成長もタイパ」とそれっぽく言うものの、キャリアという未来への不安感を、「タイパ」ということばでうやむやにし、必死で納得感に変えようとしているに過ぎないのではないか、と思えてくるのだ。

33. 而立書房 2023年

……と、「タイパ」度外視で話しすぎた。

でも、「タイパ」を再考して見えてきたものがある。それは、あたかも「効率」「効果」「正しさ」ということばを内包しているようでいて、実はそこから距離をとる動きであったと言える。現実をテキパキと「効率的」に処理し、「効果」「効用」のエビデンスでも付与したかのような錯覚に陥らせ、あとに残るのは、それっぽいだけの選択と納得感。加えて、自分で自分の生くらい肯定しないでどうする！　と言わんばかりの、なけなしのプライドではあるまいか。

かくいう私は、時間を巻いて、戦略という名で人やできごとを選別するようなまねは、うまくいったためしがない人生だ。懸命にあれやこれやを選んで「主体的」に生きているつもりだろうと、結局生かされている私たち。時間効率よく／時間対効果高く、人生のピースを選ぶぞ！　なんて息巻くより、そのときそのときの葛藤を避けげず、他者との対話を諦めず、与えられた生をまっとうすること。

そこにタイパが無用であることは明白だ。


（２０２３年12月26日公開）

第14章　本当に困っている人――絶望選手権と化す裏の顔

人を助けるとはどういうことか

対話的で即興的で、生々しい。

私が専門とする、組織開発やプロセス・コンサルテーションの現場の話だ。組織という名の縄張りに分け入り、「助け合い」を促進するのだから、当然とも言える。このプラクティスの父ともされる組織心理学者のエドガー・H・シャインとて生涯をかけて、〝人の助けになるって何だろうか……〟と問いつづけていたようで、『人を助けるとはどういうことか――本当の協力関係をつくる7つの原則[34]』といえば、慎み深き観察・内省が漲《みなぎ》る一冊だ。

34. 金井壽宏監訳　金井真弓訳　英治出版　2009年

シャインの普遍的な問いに刺激され、私もこの仕事の奥義について考える。彼がそれを“HELPING”という素朴な概念に見いだすのなら、天邪鬼《あまのじゃく》な私は次の点が勘所だと考える――組織（チーム）メンバー同士が「助け合わない」瞬間に目を光らせること――協働を引きだす契機の一つだ。

助けなくていい、もっともらしい理由

なかでも特に見逃せないのが、「助け合わない」ことに〝もっともらしい理屈が付与されるとき〟だ。本書でも扱ってきた、能力主義や自己責任論、タイパ（生産性）……などがその代表的な理屈なわけだが、それらは平然と、助けるべき人／そうでない人に「分け」、相手や状況を「分かった」気になり、「分け合い」（取り分＝評価・処遇）を決めることにためらいを見せない。

逆を言えば、この理屈のもっともらしさを所与のものにせず、表に引っ張り出してきて、皆で対話できたら、こっちのもんだ。「助け合い」を諌《いさ》めていた組織のダイナミクスがあぶり出されるやいなや、組織やそこにいる個人の協働という重い滑車が動

き出すのを幾度も見てきた。

さてそんな思索を巡らすままに、本章では「助け合い」について、〈「助け合わない」ことへのもっともらしい理屈〉という観点とともに考えてみたい。

組織開発も、修士で学んだ教育社会学も、「分け合い」（選抜、評価・処遇）を探究し、「助け合い」の実現を模索する学問であり専門知である。どちらも社会の安寧に不可欠な実学との自負がある。

突然仕事の話をしてしまったが、ささいな日常にももちろん「助け合わない」瞬間というのは散見される。自分が他者に対して、なんらかの理由をつけて「この人に助けは要らないだろう」と判断してしまうことだって山ほどある。

がん闘病中の私の日常でいえば、こんなことがあった。

新型コロナウイルスのただ中にあったある冬の寒い日のこと。病院は当然のことながら感染予防の中心地であり、外来化学療法室の待合の椅子とて、隣同士で腰かけることが禁じられていた。大病院なので1時間どころか2時間、3時間と待つのに、座れない人が出ていたのだ。

「大変な人」優先

その日私は座って待っていた。1時間半ほどが経過した頃だろうか、私の席の隣には「×（バツ）」と大きく貼られ、座れないことになっていたわけだが、そこにあとからやってきた、同じ外来がん患者の付き添いでいらしていた方が私に話しかけてきた。

「すみません、『大変な人』に譲っていただけますか?」

聞こえた人たちが一斉にこちらを見ていた。

「あっ失礼しました、どうぞ。すみません」

……私は歯を食いしばって立ち上がった。

がんを患う人の年齢のボリュームゾーンからしたら、当時の私はAYA世代（15〜39歳）、〝若手〟だ。それはわかるのだが、若いからこその進行がんで、就労を継続しながら闘病と育児をこなす、一反木綿のように痩せた青白い人間だった。貧血で、立ったままいるのは30分と厳しかったのだが、周囲から〝あなたは「大変な人」ではない〟と認定されたことに、動揺した。

いや、誤解してほしくないのだが、席を譲ったお相手が「大変」でないとはみじんも思わない。そうではなくて、あの場の「誰もが大変」だったから、つらかった。病人同士も能力主義社会に生きるかのごとく、〝上には上がいる〟などと周囲を見張っていないといけないとしたら、実に気味の悪い社会である。

この「大変な人」、ないしは「本当に困っている人」言説。本連載の「自己責任」回でも触れたが、「助け合い」ないしは「助け合わない」瞬間を語るには欠かせない。モノや機会の「分け合い」において考慮すべき重要な観点であることは間違いないのだが同時に、危なっかしい概念でもある。

ちょっとのしんどさや他人からわかりにくい不運では、救いの女神は手を貸してはくれないことを容認しかねないからだ。言うなればこの選別は、

✔「本当に(大変・困っている)」という程度問題を突きつめるほどに、「絶望選手権」のようなことになりかねない

✔「共感できるかどうか?(かわいそうか?)」という軸が暗に、不運の度合いの認定に入り込んできやすい

という裏の顔を持つのだ。

絶望までも競り合う

病院待合の椅子取りの例は私事だが、この「本当に困っている人」という選別軸に問題があることは、生活保護制度をはじめとした福祉分野などでかねて指摘されてきた。公共交通機関の乏しい地域で四肢に不自由があり、20年前の古びた自動車を所有している人が、それが「資産」に当たるとして生活保護支給を止められた話を耳にしたこともある。

ひずみはたしかに感じるのだがしかし、この「困っている」度合いを選《よ》り分けるという方法に代替するものがなかなか力を持たないのが現状だ。選別の軸が違うだけで、結局これはある種「能力主義」の相似形をなすことは、お気づきのことだろう。社会で成功することのみならず、仮にうまくいかず救いを必要とする場合も、それはそれで競争が必要……なんて悪い冗談であってほしい。

改めて明言しておきたい。

「本当に困っている人」という、しんどさの程度を垂直的に捉え、序列化し、選別することと。かなしいかなこれは、絶望感までも「競い合う」というディストピアに帰結しかねないのだと。だから、本連載が繰り返し扱ってきているとおり、わかりやすさに絡めとられた「能力主義」的な選別・選抜論理を、私は危惧しつづけている。

さて、どんな手立てがありそうか。原点に立ち返ろうと思う。言うまでもなく、私たちは競い合うために生まれてきたのではない。私たち皆で、ただただ生をまっとうしたい。ひとりでは及ばないのだから、「助け合い」たいだけなのだ。

だとして、どうすればいいのだろう。

連載初回から、ヒト・モノ・カネといったリソース（資源）には限りがあり、それを分配する納得性の高い論理を私たちは連綿と必要としてきた旨を記してきた。

しかしいまだ「助け合い」は緊迫感が伝わりきらなかったり、お花畑だと言われてしまったりすることも少なくない。

現場の修羅場感を知る私は、上記のような見方を即座に否定したくなってしまうのだが、それではことは進まないのだろう。ならば私は自己点検してみる。

もしかして——ただでさえ「限定的」なものを分配するとなれば当然、もらえる側を「限定」せざるを得ない気が直感的にはする。しかし直感に抗うべきはまさにこの点なのではないか？　つまり、「限られた原資」という問題設定が案外すでに〈「助け合わない」ことへのもっともらしい理屈〉になってしまっているのではないか？——と。

ゆえに、誘《いざな》いたい。〝限られた人しか救えない〟そんな問題設定そのものを疑っていくことを。

それは言い換えれば、支援の対象をいかなるロジックでしぼるか、ではなく、支援をくまなく届けるために思考の枠をひろげ、他者に働きかける（介入する）ということだ。

かけ合いからはじめる

先の化学療法室の話でいえば、こんなやりようがあったのかもしれない。誰が立てばよかったのか？　と考えていても埒《らち》が明かない。誰もが座れることを編み出すべく、周囲に働きかけるべきだったのだろう。

たとえば、がん相談室へ行って、「全員マスクしているし、私語は慎む前提で、院内は隣同士でも座ってよいことにしてもらえませんか?」「どうしても〝ソーシャルディスタンス〟を保つ必要があるなら、呼び出しベルのようなものを導入してもらえませんか? それならこの部屋の外で、椅子を見つけて待つことができるのですが」などなど、意思決定者に相談することも一案だったはずだ。

「助け合い」の一歩は、「かけ合う」ことなのだ。これだって、絶望選手権ではない形で、救いのパイをひろげる試みに当たるのだと思う。

こうした「椅子取りゲーム」。あなたの周りにも、大なり小なりないだろうか。

「限られた座席」は本当に所与のものなのか? 実は増やせる座席もありやなしや。ないしは、椅子より助けになるものがあるかもしれない?

……いつか余裕ができたら考えようかな、ではなく、今ここで考えたい。

数理統計学者の竹内啓《たけうちけい》氏は『偶然とは何か――その積極的意味』[35]で目の覚めるような真理を著す。

「『不運』を分け合うことによって、人々は『不運』をもたらす偶然は防ぐことがで

35 岩波新書 2010年

きないとしても、そこから生じる『不幸』を小さくすることができるのである」

皆が皆、「幸せ」でありたくて、その原資と長年考えられてきたカネやモノなどを「分け合う」原理については懸命に、巧みに、検討を重ねてきた私たち。これからも「幸せ」「幸運」を追い求めるのだろう。

けれどそれに向けて知恵を出し合うべき矛先は変わっていってもよさそうだ。「椅子取りゲーム」で考えれば、これしか「分け合い」の論理がないわけがないと誰しも気づく。〝「助け合い」をなぜそもそもこの数の、しかも椅子めがけて競争するんだっけか？〟と問い直す、面倒な人でありたい。

ばかばかしくとも、現実社会ですぐには変えることのできない社会システムなのだとしても、眼前の「椅子を取れない人」の不遇をほったらかしにはできない。

ここまで「椅子取りゲーム」ありきを許さず、「かけ合い」からはじめる「助け合い」、「不運」の「分け合い」という「助け合い」について、眺め直してきた。

今年もはや1カ月が経った。抱負は「『助け合い』を『かけ合い』からはじめること。『分け合い』は『不運』こそどうすべきか？ 意識し、試行錯誤をつづけること」としようと思う。

眉間《みけん》にしわが寄るかもしれない。うまくいかず、腹を立てたり、ふてくされたりするかもしれない。

「助け合い」は、不完全な者同士、お互いに目をそむけたくなるような状況でもどうにかこうにかともに生き合うことだ。そんな、きれいなもんでも、キラキラもしていない。逆に、「いつも笑顔で」とか「ご機嫌な毎日」などはその響きとは裏腹に、かなりタフな世界観だとすら思うくらいだ。

なんて言って、目に余るようなことがもしあれば、肩をたたいてほしい。他者を寄せつけないのでは本末転倒だから。

対話的で即興的で、生々しく。引き続きお付き合いくださるとうれしい。

（2024年2月5日公開）

第15章 対話——見え透ける特権性

「鼻クソ」ラジオと福祉

愛聴しているポッドキャストがある。「Swing 鼻クソRADIO」だ。新聞のサイトで鼻クソなんて書いていいのか迷ったが、忌避すべきものでもなかろう。これは障害の有無にかかわらず自由な働き方や表現活動を行う京都の福祉事業所の代表木ノ戸昌幸《きのとまさゆき》さんとスタッフの沼田亮平《ぬまたりょうへい》さんの番組だ。モットーは「世の中、意味のあることが多すぎる!! 鼻クソみたいにどうでもいいことを話したい」である。

そこでいつもの通り「どうでもいいこと」を繰り広げてくださっていたのだが、あるとき番組後半で、彼らの事業所のことがたまに〈居場所〉と称されることへの疑義を木ノ戸さんが訴え、「どうでもよくない話」として私は聴き入ってしまった。

〈居場所〉だなんて思ってない

〈居場所〉だと思って（この活動を）やったことはないと話すのだ。昨秋、彼らの事業所を訪問させていただき、そのスタンスはなんというか、わかる気がする。〈居場所〉をつくって〈あげている〉だなんて、とんでもない。人々がそれこそ「どうでもいいこと」を朝礼で交わし合い、それについて誰が野次《やじ》るでも、無理やり「すばらしいね！」なんて感動をインフレさせるでもなく、淡々と「ええやん」とかボソッと言い合うこと――これに〈居場所〉も〈多様性〉なんていうことばも、白々しさがただようのだ。

これを受けて私の頭には『企業が求める〈主体性〉とは何か――教育と労働をつなぐ〈主体性〉言説の分析』36という一冊が浮かぶ。〈主体性〉が大切だ、ないよりあったほうがいいと恐らく誰一人として信じて疑わない。しかし、その〈主体性〉はしれっと多義化・複雑化している。

36. 武藤浩子　東信堂　2023年

2000年ごろは〝主体的に行動する〟という一文のように、「行動力」の言い換えに近しかった。それがいつしか〝主体的に考えよ〟の「思考力」との結びつきが強まり、昨今では〝考えを発信し他者とつながるべし〟の「協調性」すら内包するというのだ。

そんな中身をふわふわさせたまま、〈主体性〉育成に躍起になった企業は結果的に、「従属的な〈主体性〉」の育成に終始することを武藤は指摘する。なんともスカッとする一冊だ。

本来多義的なことばが、特定の方向に矮小化し、色がついた状態で流布されること。――この現象について思いをはせてみるに、私からすると、対話ということばも、〈対話〉になりかけているように危惧している。こそっと中身は多義化・複雑化しながらも、個人が擁《よう》して当然かのごとく表層的には単純化して流布されているように思うからだ。

間違っても、対話が要らないと言っているのではない。意思疎通なしに生はままならないが、それがちまたに繁茂する画一的な〈対話〉でなきゃダメかのように触れ回ることへの抵抗だ。

対話がそこまで大事だと言うのなら、まぶしく追いかける前に、そう日頃呼んでいるものを複眼的に捉えてみるべきではないか。たとえば対話が成立している暗黙の要件をいま一度整理したほうがよいだろう。

そのうえで、その成立要件を反故《ほご》にしたまま、〈対話〉を追い求めることがかえって、人と人との当たり前の営みである意思疎通という行為を、苦々しいものにしていないか、考えてみたい。

コミュニケーションとは、「(1) 社会生活を営む人間が互いに意思や感情、思考を伝達し合うこと。言語・文字・身振りなどを媒介として行われる。(2) 動物どうしの間で行われる、身振りや音声などによる情報伝達」(デジタル大辞泉より) とある。いわゆる意思疎通だ。

私が大学3年だった2004年は、「コミュニケーション能力」元年だったと言ってもいい。

厚生労働省が発表する「若年者の就職能力に関する実態調査」でも、経団連が発表する「新卒採用に関するアンケート調査結果」の中の「選考にあたって特に重視した点」でも、いわゆる〝うまくやりとりが進む〟ことを「コミュニケーション能力」と呼び、それが1位を獲得した年だ（その後約20年間トップに君臨する）。

意思疎通なんて双方向性ありきに思うのだが、個人に求める能力として、市民権を得たのだ。

さらには「コミュ力」という略語が席巻し始め、社会的生き物としてさも当然持ってしかるべき必須能力かのような触れ込みがされる。それがうまくいかないと、お互いの問題のはずが、「コミュ障」として排除されかねない。

加えて近年は「論破」なんて、意思疎通を終わらせる暴力も話題をさらう。「それってあなたの感想ですよね？」は鉄板の論破常套句となった。「はい、そうですが」と言えない、客観的データ至上主義の風潮がそもそも横たわっていることも付言する。

そこに国際政治や哲学分野の枠を超え、満を持して台頭し始めたのが、〈対話〉だ。相手を打ち負かしてどうするんだ、とばかりに、「正しさ」で論戦せず、異なる相手との違いを違いのままに尊重し合う。そういう意思疎通の手法が、着目されたのは、納得というか、歓迎すらしたくなるものだ。

コモディティー化する〈対話〉

しかしこの〈対話〉。大事だ、大事だと言われるほどに、コモディティー化のさだめに逆らえず、今は先の「従属的な〈主体性〉」くらい、謎の存在になりつつあるように思う。現に対話は大切だと皆思いながらも、えらい難しいものになっているからだ。

まず対話成立の前提を考える。医師と患者／政治家と国民／経営者、管理職と一般社員／先生と生徒……などにおいて、いまこそ〈対話〉と叫ばれているわけだが、これは本来、権力勾配が存在している2人以上の人間の集まりに対して、往々にして双方向的な意思疎通が難しいから、必要性があえて叫ばれていると理解して差し支えない。

逆に言えば、権力勾配そのものをなくして、相当慎重に、名実ともにフラットにしてやらないと、対話はやはり難しいということだ。

たとえば、医療的な「オープンダイアローグ」（開かれた対話）も、権力勾配に加え、専門家と一般人（患者）、医療者の中での階層にひもづく情報格差を徹底的に排除したうえで行われる手法だ。

しかし、私が専門とする「職場」の話で言えば、こともあろうに、〈対話〉が大事だからと〈対話会〉だなんだと言いながら、この権力勾配、情報格差については何ら手をつけられぬまま、形だけの〈対話〉（や「1on1」）がされているケースが散見される。

これは……難しい。

権力勾配や情報格差ありきの「闊達」な議論

だって、明確な権力差、立場の違いを残しておきながら、「忌憚《きたん》なき」「闊達《かったつ》な」「意見交換」を要請されるのだから。それも一方的に。

もともと力の差を見せつけられてきているのだから、当然緊張感を伴う場なのに、そんな緊張感はさておき、どんな場でも臆せず、滑らかにことばのキャッチボールを行うこと。ましてや、相手の発言や態度に、驚いたり、イラッとするそぶりを見せたりすることは無粋とされ、余裕をまとったほほ笑みをたたえながら、どんなボールを投げ込まれても、「なるほど」「そう感じているんですね」などと「傾聴」「寄り添い」を忘れない。

そんなウルトラCを〈できるか・できないか〉、というなんだか能力主義の香りすらしてこないだろうか？

権力勾配や組織階層の格差を残したまま、急に対等に、ことばをやりとりしましょうよ、なんていうことの、隠れたマッチョさ、傲慢《ごうまん》さに今こそ気づいてもいいときだ。

さらには、最近の組織においてはこの〈対話〉に対して、「成果」まで要求されるというから、目も当てられない。

〈対話〉の「成果」。「心理的安全性」スコアを自組織でとって、その推移を報告させられています、という大企業の方や、「エンゲージメントサーベイ」で〈対話〉後のメンバーの「エンゲージメント」スコアを測定し、その点数の向上がKPI（"Key Performance Indicator" の頭文字を取ったことば。重要業績評価指標のこと）です、とおっしゃる方もいる。

まぁそんなことをしたって、しょせん、はりぼての〈対話〉なわけで、直後に辞める人もいる。そこでリテンションが下がると、今度はその管理職の〈対話力〉がマイナス評価となるらしい。

——これ、誰得なんだろうか。「対話力検定」が生まれるのも時間の問題と思える……。

少し整理しよう。

対等にことばを交わし合うことを「対話」とするのなら、権力勾配や階層を残したままではかなり厳しい。そんなものは置いておいて、どんな環境下でも、限られた時間で、これまでさんざん抑圧してきた相手の前でも立て板に水のごとく話しつづけること、受け止め合うことなんて……クソ難しすぎる。

対話を「コミュ力」の進化系かのごとく、個人的人間観に基づく能力論に決してしてはいけない。ある組織で意思疎通ができているかどうかは、個人の「能力」の問題ではない。「コミュ力」でも、ましてや「対話力」でもない。

さらに、〈対話〉の成果を求めるのも愚の骨頂と言わざるを得ない。〈対話〉を社内的に進めるのに、「成果」のＫＰＩが必要ですね、なんて話しているうちは、社内で協働を妨げるあらゆる階層構造や縦割り構造、権力勾配やインセンティブ設計などを見直してほしい。

その辺は変える気もないのに、〝みんなやってるらしいから〟と〈対話〉なんて。いけません。

かといって私の知る限り、権力勾配をただちになくして、フラットな組織を一朝一夕につくれまい。ならば、対話を組織で取り入れることは難しいのか？　という話になろうが、答えはＮＯだ。

世間的な意味の、フラットな組織で悠久のときが流れる中で、「なるほど」「いいですね、それ」なんて建設的に、相手のすべてを肯定しながら、やりとりを重ねる……その神業〈対話〉に限定しなければいいのだと考える。

どういうことか。

今叫ばれている〈対話〉は、即時的な言語のやりとりがある程度スムーズでないと成り立たないことになってしまっている。だが、組織、社会には、そうではない人もたくさんいる。

クライアントからもしばしば、「1on1とか言われますけど、ほんとにその場で考えて、言語化するのが僕苦手で……それを能力低い、って言っちゃえばそれまでなんですけど……」という相談を受ける。

そのとおりだと思う。得手不得手があり、凸凹しているのが人間なのだから、〈対話的〉であることだけを〝よいコミュニケーション〟と称揚しすぎるのは考えものだ。

〈対話〉の特権性

私はよくこうオプションを提示する。

「話し言葉の流暢《りゅうちょう》さが要求されている感じが確かにしちゃいますよね。でも、もともとは意思疎通をもっとはかりたい、って話なのだから、ちまたの〈対話〉が難しいなら離れたって全然いいですよ。たとえば、即時的な言語化が難しければ、日報という書き言葉の往復書簡的なやりとりでも、立派な意思疎通です。〈対話〉でリーダーが組織のかじ取りをすることが難しい、武骨なタイプもいます。そういう人が、回覧板形式で、持論をまとめ、そこにメンバーが赤入れ形式で感想や疑問などを書き込んでもらう。そういうやり方だって、何にも問題ないじゃないですか？」と。

「よりよい社会」と言うならば。個人に一方的に高い「コミュ力」を求めたり、「論破」したりなんて論外。それは火を見るよりも明らかだ。

ならば双方向性だ！　となるのは自然の摂理だとはわかる。わかるのだが、それが成り立っている暗黙の前提に自覚的でないと、表層的な〈対話〉推進が、結局個人を痛める。

ビビらず、ポンポンと思いのたけを繰り出せる――そんな場をいま経験できている人がもしいるならば、それは比類なき幸運なことだと心したほうがよいくらいだ。「〈対話〉の特権性」と言ってもいいだろう。皆がみな、目指すべきことではない。その組織の現状なりの、意思疎通は、その組織が多様であるのと同様に、本来非常に多様なはずなのだ。

〈対話〉を本章では扱ったが、冒頭で挙げた〈居場所〉〈多様性〉……これらも耳に心地よく、非常に〝やさしい〟響きなのだが、案外、画一的でわかりやすいものを称揚し、実践をゆがめていないだろうか？

実は多様な形で、わざわざ呼ぶこともなく、実践を続けている人もたくさんいる。ともすると、一元的な良し悪しに基づくベストプラクティスとしての称揚が先行しがちだが、やはり足元を見たい。

当たり前に私たちは多様なのだ。〈多様〉なんてわざわざ呼ぶまでもなく、だ。

そこをすっ飛ばした、「よりよい社会」に向けた〈対話〉〈主体性〉〈多様性〉……はいくら掲げても目クソ鼻クソだ。本章は鼻クソにはじまり、鼻クソに終わる。

そういう章があったっていいだろう。人間だもの。

（2024年3月11日公開）

第16章　人となり――組織の問題を個人化する装置

「ウホウホ」と選抜

選ばれるために、羽を広げて色とりどりの模様を見せつける生物がいる。

選ばれるために、「ウホウホ」と胸をたたく生物もいる。

そしてここに、選ばれるために、

「ゼミで（またはサークルで／バイト先で）リーダーとして、課題を分析し、周囲を巻き込んで改善活動をしてきました。正論で人は動かないので、周りの人との対話的なコミュニケーションを欠かさず……」

などと語る生物がいる。――企業で採用面接を受けている就活生だ。

そうもなるだろう。企業は今日も学生に「主体性」や「リーダーシップ」「コミュニケーション力」を求めると明言している。ならば、そのペルソナめがけて学生個人は乗っかるほかない。「ガクチカ」（学生時代に力を入れたこと）という自分史に「リーダーシップ」「主体性」などの旬で引きの強い「能力」を盛り込み、羽を広げ、胸をたたく。普段はそんなキャラであろうかなかろうかは関係ない。

だが実のところ、組織開発を専門にする者として思うのは、「求める人物像」のとおりの言い出しっぺ的旗振り役ばかりが集まって成せる仕事なぞ限定的だということだ。仕事というのは、粛々と回してくれる人やリスクを考えて何かとストップをかける人……など、多様な持ち味の人がいてはじめて成り立つ。車でたとえるなら、アクセルやハンドルあたりが「主体性」のイメージとされがちだが、一つの車にそれらが三つも四つもあったらどうするというのだ。タイヤやブレーキ、ワイパーだって、安全に走行する車には欠かせない。

放置される就活茶番と問題の個人化

この就活の規定演技感、茶番感。多かれ少なかれ、皆気づいている。しかし新卒一括採用の慣習が強い日本において、学生からしたら何はともあれ内定をもらわねば話にならない。また人事採用担当者は、応募書類をある時期に一度に、「採用ミス」なんて言われない精度と煩雑さのせめぎ合いの中でさばかねばならない。つまりお互いに問題提起する余裕はないのだ。そうしてのど元過ぎれば熱さを忘れるがごとく、就活はいつの時代もイマイチなのだが、抜本的な変革を免れる。

イマイチでも、さしてほころびが出ていないのなら問題ない。だが、どうだろう。期待どおりの「主体的」で「リーダーシップ」満点の「コミュ力」大王みたいな人たちは、さぞ活躍しているのならいいのだが。そして企業はどんどこイノベーションを起こしているならいいのだが。どうだろうか。

そうこうして入社から数カ月もすると、新人に対して社内から「立ち上がりが遅すぎる」「能力が低い」などの声が出始めるのが風物詩だ。そもそもが、人それぞれの持ち味や発揮しやすい「機能」の組み合わせを考慮していない問題なのだが、そんな観点はおくびにも出されず、個人の「能力」が問題視されるのだ。また、新人は新人で「この会社でロールモデルを見つけられない」「成長のコスパが悪い」などと言って早々去ったりも。いやぁ困った。ある記事では早くも「退職代行サービス」が活況だと伝えられる。

さて本章では、選抜の話をしたい。特に、すでにここまで述べてきたとおり、仕事の実態からしたら理にかなっていないようにも思える選抜方法が続く今、変革のスイッチを模索しようと思う。

ちなみに仮説はこうだ。信じて疑われていない、採用の肝とすらされている点――「人となり」を〈見極める〉という発想――こそが案外、変革を阻んでいるのではないか？　とにらんでいる。

今でこそ就活は、企業が「求める人物像」なりきり選手権のような様相だが、思えば人間も冒頭の生物のごとく、かつては羽を広げ、胸をたたいていたとも言えなくもない。「家柄」という艶《あで》やかな羽や「学歴」（学校歴を含む）、「体育会」という厚い胸だったりしたのだ。故山田太一《やまだたいち》脚本の『ふぞろいの林檎たち』というテレビドラマじゃないが、大学名によって選抜会場からして分かれ、就活は学閥ごとの出来レース化していた時代はたしかにあった。はたまた、面接担当者と同じスポーツ競技にいそしんだ学生が、所属体育会の戦歴や、共通して知る監督の口癖について笑い合っていれば面接終了、無事内定、なんてことだって。

その流れをくめば、「ガクチカ」とてありがたく思えてくる。なぜなら、均質な選考プロセスを踏ませながら「人となり」を把握するべく、一定の工夫が施された選抜とも言えるからだ。受験勉強の得意さや筋肉量と、実際の職務との「レリバンス」（関連性）を説明できる人はそういない。そこで、より公平でより仕事のパフォーマンスを予見できる選抜方法というのが切望され、編み出されたのが「コンピテンシー」（高業績者に共通した言動パターン）を〈見極める〉とする面接手法や、「リーダーシップ」などの資質を測定・数値化するとうたうアセスメント（テスト）などというわけだ。イマイチな選抜だと言ったが、一定の合理性をもって生まれていることは確かだと言える。

この、仕事において何はともあれ人のことをよくよく見ようという発想。松下幸之助《まつしたこうのすけ》の「企業は人なり」という名言のごとく、真っ当な響きがあるのだが、ゆえにそういう正当性の香りを醸すものこそ、私は疑うようにしている。現に、「人となり」を〈見極める〉妥当性自体はさして問われぬまま、こんなうたい文句ばかりが進化しつづけているように思うのだ。

〝貴社内の「ハイパフォーマー」との対比で候補者の「人となり」を「可視化」「数値化」し、ＡＩが活躍可能性を判定。「データドリブン」「ＥＢ〈エビデンスベースド〉」な人選を可能にします〟と。「人となり」の〈見極め〉、をゴールだと信じて疑わない人にとっては、上記はまるで積年の夢がかなったかのようだ。このような選抜手法の登場は企業を魅了し、商品群は増えるばかり。だが同時に、攻略マニュアルなどが出回るのも事実である。どう回答すれば、「求める人物像」に適合的か？　も悲しいかな探求されるのだ。

さてお気づきのとおり、この状況に対して、〝よしもっと回答の整合性を見極める質問を入れよう〟とか、そういうことをやっても、いたちごっこが関の山である。みんな選ばれたいのだから必死だ。「人となり」を〈見極める〉ことをゴールにしていては、そろそろ、漫画『ドラゴンボール』の「スカウター」でも出てくるんじゃないかと思っている。ゴーグルのようなそれをかけるなり、相手の戦闘能力が瞬時に「数値化」「可視化」される……いやそれ、自分もされると思うと相当なディストピアだ。

だから私は考える。「人となり」を〈見極める〉ことを技術的に可能にしよう、という話の前に、抜け落ちている大事な視座があるのではないか？　と。それが就活茶番劇の変革の第一歩になるのではないか？　と。問いを換言すれば、物事を「よりよくやろう」とする以前に、「よりよいこと」ができているだろうか？「人となり」を知りたい・知るべきだと思う性《さが》の是非を問うつもりはない。「人となり」を仮に言語化、数値化したくなって、技術的にできることをやってみてしまうのはある程度致し方ないと思う。しかし問題は、〈見極める〉として個人から聴取された情報たちをどう現場で活用するか？　までつなげて思考・実践されていない点だ。包摂に向かわない選別は、果たして誰得なのか？　は考えてみたほうがいいだろう。

〈見極める〉のではなく組み合わせを考える

結局のところ、「人となり」への着眼自体は悪くないのだが、採用時に〝人を見極めて選んでやろう〟といった「能力主義」的な考え方にとらわれる限りにおいて、リアルな仕事の現場と選抜とがちぐはぐのままなのだ。向き合っている問いが「うまくいくのは誰か？」「誰がスゴいか？」になってしまうのだから、当然の帰結でもある。それでは、スゴい人選手権と化した就活のいわばだまし合いは止まらず、成果をチームとして上げていくという仕事の本質には迫れない。

必要な問いは、「誰と誰、誰と何を組み合わせると、スゴい景色を皆で見ることができそうか？」だ。そして間違ってもこれは、就活生に求めることではなく、企業側が日頃から重々考えておくべきことだ。何を存在意義（パーパスだかミッションだか）にして、どんな凸凹のある社員をすでに抱えているのかは、その企業しか知らないのだから。

先日も日本を代表するある大企業の採用担当者の方のインタビュー記事を新聞で読んだが、〝この会社で「活躍」するかどうかは個人に秘められた「ポテンシャル」次第であり、面接でそこを見極めるようにしています〟などと力強く語っていて驚いた。申し訳ないが、違うと思う。「スゴい景色を君は見せてくれるんだろうね？」なんて大の大人・企業人が学生個人に問うたりしないでほしい。「うちが考えるスゴい景色とは、こういう事業を、こういう人たちの協働によって形づくっていくことなんだ。

どんな役目であなたは加わってもらえそうですか?」ならまだわかる。

一枚上手の「マウントフルネス」

『人生が整うマウンティング大全』(マウンティングポリス著、技術評論社)という本をご存じだろうか。タイトルを一見すると、どうやって人より優位に立とうか? を考える本に思えるかもしれないが、実はその正反対の内容だ。「リーダーシップ」「コミュ力」「メンタルタフネス」「マインドフルネス」……などと「能力」をいくら求めようとも、「競争」からは自由になれないぞ、と。人のマウンティング欲求にあらがうべからず。いなし、活かすことの重要性を著者は説く。何なら、相手に気持ちよく自慢してもらったらいいじゃないの? それぞ「マウントフルネス」! とも。

面白い。私は仕事柄、就活の場面でもしこれが使われ出したらどうなるだろう? なんて妄想した。就活生が、滔々《とうとう》とはりぼての「リーダー」経験について語っていた時代は過去のこととなり、一枚上手《うわて》な就活生が面接担当者の側の「マウンティング欲求」を満たすコミュニケーションをとりだし……手のひらで転がされる面接担当者……鳥肌ものである。

こんなことをして手元に残るのは、下記のような面接評価シートくらいだ。

「話していて気持ちが良い人。やる気、コミュ力、チャーム（かわいげ）ともに申し分のないチームワーカー。どこへ配属してもフィットしそう」

……最新の「能力」を繰り出されているとも知らず、個人の「能力・資質」を評価、〈見極め〉た気で進む選抜。ダメ押しで言うが、面接の目的は育成方針・配置までセットで考えられる情報を互いに得合うことである。人が人を〈見極める〉なんてめっそうもない——己の立場の限界を知って、周囲を活かそうと努めること。個人がスゴいかどうかはさておき、チームとして「走る車」であること。この視座、営為こそ「マウントフルネス」なのかもしれない。それは、自分自身の心の平穏をもっぱら目指す「マインドフルネス」と一線を画すものであることは、お気づきのとおりだ。

（2024年4月25日公開）

第17章 ウェルビーイング——連帯のかけ声になりにくい理由

渇望される「しあわせ」

心身が健康で、しあわせを感じていたら——それに越したことはあるまい。これを否定するほどひねくれてはいないと自覚している。そしてそれが、社会全体として「望ましい」ことならば、

✔どうしたら「しあわせ」になれるのか
✔「しあわせ」な人とそうでない人とは何がどう違うのか

などという問いがそこかしこから湧き出て、「しあわせ」への方法論が手練手管の限りを尽くして提唱されるのも無理はない。

昨今はその「しあわせ」と同時に「ウェルビーイング」ということばをしばしば耳にする。朝日新聞デジタル版で検索すると、「ウェルビーイング（心身の健康や幸福）」というふうに、「しあわせ」と「ウェルビーイング」は同義語とされていることがわかる。

そのウェルビーイングだが、研究も盛んだ。以前「朝日新聞SDGs ACTION!」のサイトでも日本の第一人者の前野《まえの》隆司《たかし》・慶應義塾大学教授（当時）のインタビューが掲載されており、その中でウェルビーイング研究は次のようなわかりやすい一文になっていた。

〝「どういう人が幸せか」という研究で、「創造性が高い人は幸せ」「幸せな人は生産性が高く、創造性が高く、長寿である」「親切な人は幸せ」といった、ちょっと意外に思えるようなものも含めていろいろな研究結果が出てくる〟[37]（前野隆司氏）

なるほど、現在「しあわせ」な人に共通する特徴をあぶりだしたものを、「しあわせ」の要件とする。するとそれを裏返すようにして、さまざまな奨励されるべき行動

37.「健康と幸せと福祉すべてを包み込む概念　前野隆司・慶応大教授が語る『ウェルビーイング』の原点」　朝日新聞SDGs ACTION!　2022年10月9日公開（asahi.com）

も明らかになる。

〝「創造性」を高めましょう〟

〝「自己実現」が大事ですね〟

などといった具合だ。

しかし、私は考えてしまう。この一見すると曇りなき、ウェルビーイングこと「しあわせ」の探求だが、今のまま称揚されることに問題はないのだろうか。特に昨今、ビジネスの文脈でも、いつかの「健康経営」に代わるかのように「ウェルビーイング経営」が掲げられ、人・モノ・カネがその方向に一斉に走るトレンドがあるが、立ち止まって考えてみてもよいのではないか。

本章では「しあわせ（ウェルビーイング）」について解きほぐしてみたい。結論を先取りすれば、本来「ウェルビーイング」に込められた肝心な意味合いが抜け落ちた形で流布されている点を不安視している。

「健康」から「健全」へ

「ウェルビーイング」とは元々、1948年発効のWHO憲章前文で示された概念である。その後、国連の「持続可能な開発目標（SDGs）」の中で目標3「Good Health and Well-Being」に掲げられ、より一般的になったと言える。

「単に個人が幸せであればいいのではなく、個人と社会、ひいては地球全体が満たされた状態とは何かを考えるべきもの」との説明が掲げられていることからすると次のような特徴を抽出できる。

「健康」の意味を矮小化《わいしょう》、単純化することなく、「健全性」にまで押し広げた点で、先進的かつ福祉的なきらめきを持つことばである、と。

さて、この点をよく踏まえて、それから70年以上の時を経た日本において、どのように語られているのか、確認してみることにする。

まずはこの国会の議論をご覧に入れたい。

2022年の参議院「消費者問題に関する特別委員会」において、自民党・上野通子議員の興味深い発言が残っている。

〝日本の幸福学研究の第一人者である前野隆司慶應大学教授の2020年12月に公表された全国消費者実態・幸福度調査2020の分析によれば、(中略)幸福度が高いほど積極的な消費マインドがあり、日常的により良い生活のための情報収集や行動をして、新しい商品、サービスには敏感であるという分析結果が出ています。つまり、ウェルビーイングと消費者マインドは比例するようです。〟

ここでは、「しあわせな人」と「積極的な消費マインド」なるものとを結びつけ、ウェルビーイングの高い人は「お金を稼ぎ、使ってくれる人」、ということになるようだ。これは、ウェルビーイングなるものを社会が目指す合理性を示す説明の一つなのだろうが、私の目にはどうも奇妙に映る。

個人のしあわせ論に回帰してないか

というのも、ウェルビーイング論の台頭はそもそも、「しあわせ」の質的変化をうたった点において、新規性があった。なのに右記は、それを志向する合理性を、旧来的な、いわば経済的価値に縛られた説明をしてしまっていることになるからだ。

言い換えれば、ウェルビーイングは元々、個人の話を超えて、社会全体の福祉にも配慮したものだったはずが、〝ウェルビーイングな人は経済も回せて◎（良し）、そうでない人は……〟という思考に誘導しているかのような違和感が否めない。インクルーシブ（包摂）どころか、選別的な色合いがにじみ出ていては、元の木阿弥《もくあみ》ではないか。

続けてもう一つ、ザ・ビジネス界の重鎮の意見も参照してみたい。世界的に有名な経営戦略コンサルティングファームの「ウェルビーイング経営」に関するリポートを参照するに、こうある。

〝今回の調査を通じて、日本のウェルビーイングの向上に向けては個人の自己実現の充足が大きなカギとなることが明らかになった。[38]〟

ちょっと待った。ただでさえ「しあわせ」という淡い話に輪をかけて「自己実現」ときた。しかも、またもや社会全体の健全性や福祉の話が抜け落ち、個人の、それもわかりやすい「しあわせ」に視野が狭窄《きょうさく》しているように見える。

38. 苅田修・櫻井佑介・土井愛子・仁科美恵子「自己実現を基軸としたウェルビーイング経営——日本の20〜40代の現状を踏まえて」Boston Consulting Group　2023年3月　bhi-japan-well-being. pdf（bcg-com）

ちなみに、根拠とされる調査結果も、徹頭徹尾、解釈に苦しむ。というのも、今、「しあわせです！」と答える人には、〝自分に自信がある〟とか〝未来を明るく見ている〟などという傾向が示されているのだが……正直、そりゃそうでしょうねぇと言う他ないように思える。

「ウェルビーイングには自己実現！」「さぁみなさん、自分に自信を持ちましょう」なんて、勘弁いただきたい。

つまり、先の政治の事例も、このビジネスサイドの事例も、私からしたら「ウェルビーイング」論の推進は、暗雲が垂れ込めているように見えてならない。しつこいようだが、WHO憲章が社会運動として、国連がSDGsを通して訴えたであろう〝偏在した「豊かさ」「健康」を、社会全体の「健全性」という観点で、構造的に捉え直しましょうよ〟という話が、海を越え、また時を経るなかで、社会の「健全性」なんてどこ吹く風。個人の「しあわせ」論に舞い戻って流布されていると言わざるを得ないからである。

とはいえ、批判的に眺めてばかりもいられない。こうしたまぶしき概念とどう向き合えるか、考えていこう。目指すべき指標と称揚する前に、先の調査結果でいえば、着眼すべき大事なポイントが放置されている。

希望の前に絶望を見よ

次ページの図は、ウェルビーイングな人と相関のあった「自己実現」という項目について、その「自己実現」を阻むのは何かを尋ねた項目の回答結果である。「お金に余裕がない」が53%、「時間に余裕がない」が43%、「心の余裕がない」が27%と続く。

——回答者は明らかにこう言ってくれているということだ。

〝お金も時間もなくて、「自己実現」どころではないんですが……〟と。

これはなんだかすごく、正直な結果だと思う。お金と時間に余裕をもって人生を謳《おう》歌《か》できている奇特な人もいるだろうが、やはりそれは稀《け》有《う》なことで、多くの人は生きるために必要なお金を稼ぐことで、「自己実現」の時間なんて奪われている。

この純粋な吐露を無下にしてはいけない。ただ、気をつけたいのが、こういう事態では往々にして、〝じゃあみんな、余裕をもって働けるホワイト企業を目指しましょ

自己実現にあたっての障壁は何ですか？

BCGヘンダーソン研究所の調査（2023年3月発行）をもとに作成

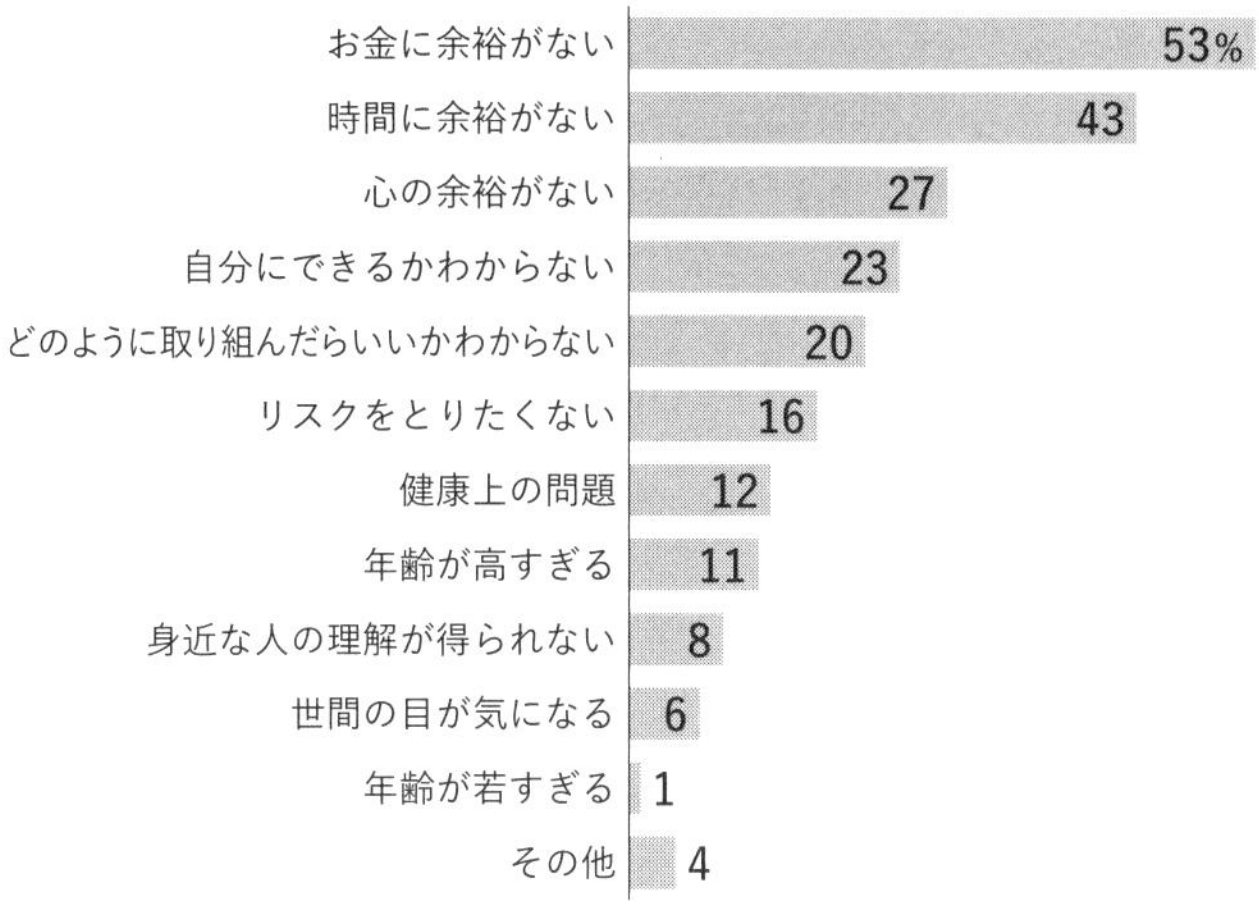

う〜！〟などと単純に問題をひっくり返したようなソリューションが連呼されがちな点だ。そうではなく、〝なぜ労働者を酷使しないと仕事が回らないのか？〟という企業側のシステムを解き明かすことと、〝なぜ劣悪な労働条件でもそこで働かざるを得ないのか？〟といった労働者側の状況の把握が不可欠なのだ。

　ここで十中八九気づくのは、社会の構造的な問題だ。誰かの不運や重い負担のうえにしか成立し得ない、一部の人の脆弱な「しあわせ」の構造が産業全体にある。ここから目をそらした議論は、要らない。そんな非現実的な代物を称揚することで、社会の貴重なリソースが、雲をつかむような、それも特定の個人のしあわせに矮小化したかのようなウェルビーイング論に割かれてしまうことは、害悪とすら言える。

しあわせを一足飛びに求めたくなる気持ちはわかるが、そんなときこそ、今ウェルビーイングだなんて考えるどころではない陰の存在に目をやり、社会の「健全性」という観点で構造的に考えること。

逆に、「お金がない」「自由な時間がない」といった厳しい実情を拾わず、「自己実現」だ「しあわせ」だなんだと叫べるだけ叫ぶことは、マジョリティー（権力に近い人）の怠慢と言わざるを得ない。

私は思う。希望を求めるときこそ、希望を求める前に、絶望について明らかにせねばならない、と。自分ひとりではなく、社会全体のしあわせを本当に望むのなら、絶対にだ。絶望から逃げまどうようにして得た「しあわせ」なんて、空しい。

（2024年6月10日公開）

第18章　赦す――広い心と笑顔があればいいのに？

「これからの社会に必要なこと」言説

先日、拙著『働くということ――「能力主義」を超えて』[39]ならびに『職場で傷つく――リーダーのための「傷つき」から始める組織開発』[40]を読みました!!　という、とあるメディアにインタビューいただいた。とてもありがたいことなのだが、次のように尋ねられ、頭を抱えたところからのスタートとなった。

「この窮屈な社会においてこれから必要なのは、『赦《ゆる》す』ことだと思うのですが、いかがでしょうか？」

39．集英社新書　2024年

40．大和書房　2024年

……「赦す」ですか……。私の窮した様子が伝わるだろうか。

2冊を読んでの取材依頼ということなので、余計に不思議に思ったのもある。拙著では一貫して、「これからの時代に必要な○○」という言い方への疑義を示してきたつもりだったからだ。ゆえに、赦すでも何でもいいのだが、「これからはこれですよね？」とまっすぐな瞳で尋ねられると、どこから説明すべきか、たじろいでしまう。百歩譲って、これからの時代の○○、という言い方が人々の耳目を集めるにあたってはやむを得ないところがあるのだとしよう。だとしても、「赦す」ことが「よりよい社会」を作るとは毛頭思わない。

そうこうしながら、みるみる曇る私の顔を見てか、インタビュアーがこう慌てて重ねてきた。

「『赦す』というか、『寛容』であること。これがこれからますます重要になる、と言いますか……」

うーん。それもすみませんが、違うと思う。「赦す」も「寛容」も私からすると、余計なお世話的キーワードだと感じる。本章ではそう考える背景を記していく。

神じゃあるまいし

「赦す」と訊くと、私はまずもって、神の存在を思い浮かべる。

「父よ、彼らをお赦しください」――といったものである。[41]

キリスト教を信じる・信じないにかかわらず、「赦す」というのは、ある種、神的なものだと考える。神的とは、信仰心うんぬんではなく、〝私たちと並列な存在ではない〟と言い換えて、ここでは考えたい。

「赦す」ということばからもう一つ思うのは、恩赦ということばだ。人生ではじめてこのことばをきちんと調べてみたのだが、

「行政権によって、国家刑罰権を消滅させ、裁判の内容を変更させ、又は裁判の効力を変更若しくは消滅させる行為[42]」

41.『新約聖書』ルカによる福音書23章34節
42. 法務省ホームページ「恩赦」(moj.go.jp)

とある。

宗教的に神に限らず、権威階層で考えてもいいということだろう。「恩赦」を決めるのは、並列ではない存在だ。つまり、「赦す」とは一般的に、一段上の者の営みなのだ。「赦しを乞う」などという表現からもわかるとおり、「赦してもらう」側は、下位ということになる。

そういう前提を踏まえると、「これからの時代は『赦し』ですよね？」と言われると……戸惑う気持ちを、おわかりいただけるだろうか。

社会に暗黙に漂う階層構造、権力勾配を注意深く観察する者としては、序列ありきの人間観の中で、何かを他者に一方的に要請することから、自由になりたいのだ。

私たちは言うまでもなく神ではないし、国家権力者でもない。おおよそ多くの人にとって、「赦す」も「赦さない」もないのが、日常である。そもそも論で言えば、相手があって、状況があってのことだから、いち個人の能動的な営為として「はい、赦そうじゃないか」とか「一生赦さん」と語り切るには、圧倒的な立場の差が必然的に求められるのだ。

立場の差ありきの「赦し」。これが「よりよい社会」のカギを握……ることはあるまい。

さて、大前提として、「赦す」「赦さない」なんてことを決める立場にない、という発想があるとして、先のインタビューに戻ろう。これからの時代に求められるのは「赦す」ということなのか。考え込み、言い淀む私にインタビュアーはさらにこう続けた。

「あらゆる組織課題は、いち個人の中で起きているのではなく、人と人との関係性のなかで起きていると、勅使川原さんのご著書にありました。それを現実的に受け入れて、実装するには、『能力』という括《くく》りで人をジャッジしないことが肝要だともありました。それをいざ実践するにはやはり、広い心というか……」

うーん、あぁ〜いや〜すみません、それもやっぱり違うと思う。

赦すも何も、ないのです。

そこにすでに存在しているのだから。あなたもあの人も私も。

誰かに許可されたからいるなんて、滅相もない。

存在することに、誰の許可も要らない。

ゆえに昨今、問題があるとすると、まさにその点なのだ。赦しだか、寛容性だか、広い心がないからこの社会が生きづらいのではなくて、誰かが許可した人しか生きてはいけないないかの窮屈さがしんどいのではないか。

✔ここに居ていい人、ダメな人
✔ここで発言していい人、ダメな人

が選定、選別されていることそのものが、根本的な問題なのだ。

すでに在る、有る

人の存在は、私たちが白々しく「ダイバーシティ&インクルージョン」なんて言い出すはるか前から、すでに多様で、なんぴとも、そこに佇むこと（生まれてきたこと）に理由はない。あたかも正当な理由があって、存在を選別しているかの考えが、問題だと言っているのだ。

だからしつこいようだが、私たちが心の面積を拡げればいい、とかそういうことではなく、「誰かが許可を出して、認められればそこに居ていいなんて、冗談じゃないよね？」と言うことこそ、今待ったなしで求められている。

現状をなんとかしたいお気持ちはとてもよく伝わってくるのだが、このことば選びは、見過ごせないポイントだ。「赦す」ということばが、選別の軸になった途端、同じ穴の狢《むじな》だと、メディアに携わる人ならなおのこと、頭の片隅に置いておかねばならない。

誰かが誰かを正当に「赦してあげている」なんて、思い違いもたいがいにしたい。神じゃあるまいし。

何かを求めるときは、何がそれを阻害しているのか？　からまず考えるべきだろう。

✔赦しだか、広い心だかに求めるのは、目をつむれ、ということではないか？

✔おちおち黙っていられないのは、そもそもなぜなのか？

考えるべきはそこだろう。私は、赦しなんて響きに騙されないでいたい。目を、口を開くことで、すべての人と生き合っていこうとしている。

赦せない、不機嫌な人？

さて、困ったもんである。これからの社会に必要なのは「赦す」心である――これにバッキバキの牙をむいてしまった私。

「なんか……めんどくさい人だったね……」とインタビュアーたちは私がZoomから退室したのちに居残って話していたかもしれない。

あの瞬間のZoomに映る私の顔と言ったら。我ながら、悲惨な感じだった。眉毛を

「08：20」にひしゃげて、口もへの字。どう表現するといいかな……と必死だったから、仕方ない。真剣に考え、真剣に言い淀んでいただけで、不機嫌なわけではないのだが。

不機嫌に見えたかな……とわが身を振り返りつつ、逆に「ご機嫌」ということばのことをふと考え始めた。「赦す」という話の延長線上で語られやすいことばの一つと言えよう。不機嫌に見えたかもしれないことを、そわそわする自分からあえて、「(いつも)ご機嫌」「怒ったら負け」言説についても考えて、本章を締めていこう。

目くじらを立てるのは、大人のたしなみが足りないらしいかの言説がまことしやかにささやかれて久しい。書店に行けば、「怒らない〜」「アンガーマネジメント〜」といった文字が躍る。SNSでは、「怒ったら負け」ということばで、異議申し立てをした個人をとがめる投稿が話題を呼ぶこともしばしば。

そういえば、こんな記事もあった。上司のしかめっ面がストレスだから、やめましょう！　というお触れだ。[43]

いつもいつも怒鳴り散らしていたらたしかに周囲は迷惑極まりない。職場の心理的安全性が脅かされた状態である。しかし、職場の日常をつぶさに見ると、深刻な事態

43．「(フロントランナー) メンタルヘルステクノロジーズ社長・刀禰真之介さん　心を壊す職場、全廃作戦」　朝日新聞デジタル　２０２３年10月14日公開 (asahi.com)

のときもあれば、返答に一瞬窮す場面だってあるだろうと、日々見ていて、思ってしまう。

それを、いつもにこやかにするのが務めだ、と言われるとどうだろう。さまざまな事態のなかで、あまりに要求がマッチョすぎて、人と対峙しないようにしておこうかな……と思ってもおかしくない。

壮大すぎる人間観

まずもって、私たちはゆく河の流れのごとく、絶えず変化している。自分も周りの人も、周りの環境も。

自分もあの人もこの人も、いいときもあれば変なときもある。壊れたり、ほつれ、もつれているときだって、あるじゃないか。破綻した点がない人を私は知らないが、皆さんはどうだろうか。

あの人の／自分の、どこがダメか？

を見ることが、巷で必要とされる「批判的思考」ではあるまい。それは空しいほどの単なる非難であり、その先に待ち受けるのは排除と拒絶である。
包摂を前提に、批判的思考を真にするならば、次の問いこそが有効と考える。

✔聖人君子を求めすぎていないか

✔揺らぎある人間に、恒常的に一貫性を求めすぎていないか

武装解除でつながる

問題は、そういう「状態」の話であり、可変的な揺らぎのなかにあることが大事な前提のはずが、いつの間にか固定的な「人となり」「能力」の話にすり替わり、その人の描写をスナップショット的に矮小化してしまう点ではないだろうか。状態というのはあくまで、他者や環境との相互作用であり、反応のし合いによるものということ

だ。

そう思うと、端から、異なる他者との協働において、つつがなく進むことはそうそうないのだとあらかじめ考えておいてはどうだろう。円滑さを望んだ瞬間、創発の糸口である議論、対峙がしにくくなってしまう。

言わずもがな、喧嘩をする必要は必ずしもない。ただ、ごく素朴に、

「かき回したいわけではないんですが、違和感があるのでちょっといいですか?」

と言えたらどんなにいいことかと思う。

皆、いろいろな立場のいろいろな身体を動かし、生きているわけで、相手への想像力がいつもいつも潤沢とは限らない。それに対して必要なのは、「広い心」でも「赦す」ことでも「寛容」な心でもないと思っている。というか、そう言ってしまうと、捉えどころないままに実践が難しすぎて非現実的に思える。心の広さも、何をもって

「赦す」状態なのかも、目指しようにもよくわからないからだ。

プラクティカルなのは、ただただ起きていること、相手や自分の存在そのものをそのまま見て、無視しない。なかったことにしないことくらいなのではないか。

「あ、今ちょっと面食らっちゃいました」

「え、そう来ましたか……いやぁまったく予想してなかったんで。へへ」

と言っていい。またそれに対して
「あ、そう？　ごめんごめん、でもさぁ～」

「そう？　いや逆に何を想像してた感じ？」

などと呼応することで、会話が続いていったらと願う。際して、表情はくるくると変わっても何ら問題ない。ある一時点で、「はいアウトー」と、おしまいになることがあるとしたら、そのほうが不自然である。

……と書きながら、でも「アウト」に実際問題なるからな……と思った方もいるかもしれない。選抜という場面を思い浮かべると、わかりやすい。

はいダメーの前に

過日、日経新聞で、就活生に対して「面接の受け答え　相槌の仕方にご用心」と呼びかける記事[44]が出ていたのだが、それを読んだときの違和感をふと思い出した。

こういう相槌はよくない、こう言い換えろ、といった指南がされていたのだが、「問題」はそこなのだろうか。真の課題は、企業側が一方的に良し悪し判断し、相手の変容可能性を見切っているほうがよほど問題ではないか？　と私は思ったからだ。

つまり、「うん、うん」という相槌が無礼だと感じるのなら、黙ってそれをもって「礼儀がなってない。客先に出せないからアウト（不合格）」とするのではなく、面接中にフィードバックしたらいいじゃないか。

44：「就活での面接の受け答え 相槌の仕方や言葉遣いにご用心　就活のリアル（上田晶美さん）」　日経電子版　2024年9月17日公開（nikkei.com）

「無意識かもしれないけど、さっきから『うん、うん』っていうのがちょっと気になってしまって。友達同士じゃないから『はい』って受けたほうが好印象だと思いますよ」となぜ言わないのか。社会人の先輩であり、「コミュ力」なるものをジャッジする側にいると豪語しているのならなおさら。

一度フィードバックして、どのくらい意識的に行動変容できるか？　くらい、待ってみたらどうかと思う。そもそも、お互い様なのだから。相手がイラッとさせてきたと感じるときは、自分のほうもなくて七癖ではないだろうか。クセツヨな大人もごまんといるじゃないか。

「赦す」とか小難しいことをわかったような顔して言いながら、目の前の人を即時的にジャッジしていないか。そういう状態なのだな、とただホールドすることを試みたのか。また、どうしても気になるのなら、「そう見えてるよ」と言ってあげたのかどうなのか。そんなことを振り返ってはどうだろう。

しつこくて申し訳ないが、「ダイバーシティ&インクルージョン」とは、そういうことではないか。「よりよい社会」とか、「やさしい社会」とか、いろいろ小賢しく言うが、足元と、目の前に目を向け、耳を傾け、心を配るほか、はじまらない。

そう楽な営みではない。はっきり言って、相当面倒くさい。だが他者と生き合うとは、そんな営為だ。私も日々、失敗しながら実践練習に励んでいる。

第19章　メリット——という気まぐれ

「暑すぎる!」の10分後

娘を保育園に預けたあと、アポイントがなければ、行きつけのコーヒーショップに行って仕事をするのが日課だ。ほぼ無意識下で入店して、レジに並ぶ。

ベッドタウンの駅前コーヒーショップなので、そうそう並んだりしない。しかし今朝は、6人すでに並んでいて、まっすぐ整列すると自動ドアが開いてしまうので、ぐにゃっと私のところで列を曲げてやっと入店した。

乗車する電車の時間を決めているのか、時計を見ながらため息をつく人もいる。それもそうだ。私はというと、電車の時間に追われてはいないものの、原稿の締切に追われている。だから、こんなところで、仕事以前にロスタイムを食らいたくない、と思ってもおかしくない。というか、そう思ってイライラすることも確かにある。

あるのだが、今日は、入店して突っ立っていることも、快適で、神への感謝が湧いてきた。

というのもこれを執筆している9月の残暑と言ったら、えぐい。保育園からここまでたった徒歩5分ほどだが、汗びっしょりだ。だから、レジで注文を待たされようが何しようが、この冷房ガンガンのヒンヤリ空間に入れてもらえたことが、もう天国なのだ。

さて、やっと注文の順番になり、着席してコーヒーをすする頃には、入店から10分近く経っていた。私は感じてしまった。

——寒いな、この店
と。内心、「冷房きつすぎ!」と不快感を覚える。

人ってのは、まことに気まぐれなものだ。

急いでいるときにレジに並ばされると、そのことにイラッとし、外が暑くて仕方ないときには、並ばされても何も思わずむしろ「サイコー」と胸をなでおろす。そんな至福のときも10分ともたずに、今度は「エアコンきつすぎ！　寒すぎ！」と内心クレームが沸き上がる。

あぁもう神様もげんなりだろう。

この気まぐれな快不快、しあわせ～ごくらく～感、反対に、さいあく！　地獄なんだけど！　感。これは、私のくだらない日常だけの話では決してないと考えている。

姿かたちを変えながら、私たちは絶えず、快不快を問われているからだ。SNSの「いいね」なんて、至極わかりやすい快不快表明ボタンだ。そのほかにも、私たちはあらゆるサービスに、商品に、政治家の発言に……快不快／好き嫌いを基準にジャッジしている。それがもはや世論や、サービスや商品、はたまた人物の「評価」を形成している。

「メリット」という快不快と少子化問題

　このことを考えると、私はこういった一見するともっともらしい意見にも、一抹の不安を覚える。「子育てにメリットの拡充を」と訴える記事を思い出した。

　それのどこが、不安のタネなのか？　と不思議がる人もいるかもしれない。

　しかし、「メリット」とか、「支援」というのも、思いの外、冒頭の私の冷房への感覚のごとく、そのときどきの状況次第で、かなり気まぐれなものではないかと考えるからだ。それも快不快、好き嫌いのような、印象論である。

　「メリット」がないから子どもを産むことに躊躇《ためら》う――そう問題を仮に設定したとして、何があったらいいですか？　という質問を真に受けて、貴重な財源を投入して大丈夫なのだろうか。

　間違っても、問題を軽んじているのではない。厚生労働省が２０２４年6月5日に発表した２０２３年の合計特殊出生率は１・20と、何ショックと呼んでいいか迷うほどの過去最低を更新し、少子化は由々しき、待ったなしの問題であることは決定的だ。

　そんなとき、「子どもはぜいたく品」なんていう見出しをつけて報道がされたり、[45]

45．「『子はぜいたく品』『仕事と両立は無理ゲー』読者の声　瀬戸際の少子化対策・番外編」日経電子版　２０２４年6月9日公開（nikkei.com）

ある調査結果から「抜本的なメリットの拡充が必要だ」なんて意見が声高に叫ばれたりするのも、わからなくもない。しかし私はここで一度、立ち止まりたいと思っている。経済的「メリット」が拡充されないから、出産・育児を躊躇うのだ――という問題設定によって、案外、たとえば次のようなどつぼにはまりかねない気がしている。[46]

✔限られた財源の中で、さらなる「成長」なくして不可能である、というロジックにより、生産性の向上などを労働者が求められ、その達成が労働者個人の自己責任とされる

✔とはいえ国策として「やった感」が必要なので、そのためだけの雀の涙的ばらまきが起こる

釈迦に説法だと思うが、「問題解決」について整理しておこう。一般に、今回の話で言えば、

46.「少子化対策1位『大学まで無償化』読者5000人の声」日経電子版 2024年6月6日公開(nikkei.com)

「少子化」→子どもを増やそう→お金がないと産めないと言っているらしい
→無償化範囲を拡げてください！（今ココ）

になるわけだが、「問題」とは、利害の衝突（コンフリクト）であり、「問題解決」はコンフリクトを構造的に捉え、こじれた利害の糸をほどくことに他ならない。

その意味で少子化問題とは、男性中心主義や企業中心社会、家族主義……などが絡み合った問題なのだ。本来は。

その構造を踏まえず、単に問題を裏返したかの解決、それも「メリット」なんて至極気まぐれであいまいなものに照準を当てるなんて、利害調整という本来の勘所を捨象していると言わざるを得ない。もっと言えば、現状の困難を声の小さな人に負わせる危険性すら孕んでいると考える。

〝子どもを産み育てる気になるには「メリット」が必要だよね！〟なんてしゃかりきになる前に、個人も国も一呼吸置きたい。ばかばかしく聞こえるかもしれないが、〝子どもは「産んだほうが得」だから産むものなのか？〟と素朴に問うてもいいだろう。この問いを突き詰めるとおおよそ、先に挙げた家族主義の在り方の是非に行き着くはずだ。子どもを家族の所有物、ないしは「資本」かの扱いをして、メリットだデメリットだと言っている限り、泥仕合が確定するからだ。

待ったなしの問題で、議論ごっこをしていたら本当にまずいではないか。つまり、「メリット」の話にしてしまうことは、財源のなさを家族主義によってしれっと各家庭負担にさせつづける前提でしか成り立たないのだと、畏《かしこ》き諸兄姉は気づかねばならない。

少子化問題を「(経済的)メリット」で語ることは、家族主義の前提を暗黙に了承、内面化している意味で、問題解決していいるふうをとる体制側にとっては、誠においしい展開であると心得たい。そして本当に未来を構想するならば、いかに皆で子を育て、生き合うか？　家族に閉じないか？　という脱家族主義を解題せねばならない。

さて、少子化問題と「メリット」について白熱してしまったが、もう少しお付き合いをお願いしたい。メリットなんて言っても、自分の立場次第で移ろうものであり、また少子化の話で言えば、利害の対立を紐解かない限り、やってる感しか出ないと話してきた。

何か実存的に「メリット」というものがあると信じ切って、その解明、追求に奔走している暇はない。そんなことに遮二無二になるうちに、空中分解したものというのは、ごまんとある。

コンサルの先輩で著述家の山口《やまぐち》周《しゅう》氏が以前、日本の携帯電話のガラパゴス化と、iPhone登場による駆逐劇をこんなふうに評していた。

〝広告代理店やメーカーは「どのような商品が使いやすいか」を消費者に徹底的に調査して、それを基にデザインして製品化、そして広告を考えていく。

客は満足している。なので、見分けがつかない。だから、さらにディープにニーズを調査し、差別化のポイントを見つけようとしていた。防水、耐衝撃性――。

そこにいきなり出てきたiPhoneが、市場をかっさらっていった。自分たちがカッコいいと思うものを、「どうだ」と見せつけた。[47]〟

たしかに。「どんな携帯ならもっと使いたくなりますか？」「今の携帯のどこが不便

47.「iPhoneはなぜガラケーを駆逐したのか。山口周さんが語る、働く人に必要な「美意識」「世の中の風景を変える」ために大事なことって？」ハフポスト　2018年9月13日公開（huffingtonpost.jp）

ですか?」つまり、新機種の「メリット」拡充を、アップル社を除く各社はひたむきに狙っていたということだろう。

　2008年から2010年の間、携帯電話の市場調査に携わっていたことが私もあるので、耳が痛い……。市場調査と言っても、半端なアンケートではない。少しずつ機能やデザインを変えたものを提示しながら、どこが気に入るか? 何は要らないか? 一つのアンケート調査でまさかの500問を超える調査もざらだった(今思うと、一体だれがどこまで本気で答えてくれたんだろう……)。そんなふうにあまりに(しつこく)訊かれるので、消費者も「あれがあぁなら〜」「画面がもっと〜」などと答えたのだろう。

　しかしiPhoneの登場で、「メリット」なんて、一気呵成であった。どんな携帯なら使いたいですか? と訊かれて答えることなんていうのは、所詮、自分が知っている、見慣れた範囲におのずと限られるのである。

既知のものしか「メリット」にならない

だから私は思う。そんな気まぐれで、知っていることしか思い浮かばないようなもので、未来を決めることほど、こころもとない意思決定はないのだと。

「メリット」とは、教育社会学でよく言う「メリトクラシー」、つまり、能力による社会配分、すなわちは、できる人が多くをもらい、できの悪い人はもらいが少ない、ということに他ならない。だがこれも、根源的に問題を孕んでいると思えてならない。不平等の再生産という意味ではなく、この既知のものしかメリットにならないという視点から、本章最後で話しておきたい。

「できがいい・悪い」は過去、連綿と行われてきたことについて、「標準」「ふつう」のラインが明確なときのみ、有効な概念であるからだ。

卑近な例で言うと、2024年開催のパリオリンピック。「ブレイキン」という種目に関して、SNSがにぎやかだった。

「あの人が出られるなら私も出れそう」[48]
「なんであの人が予選敗退なの？」[49]

これは、水泳や陸上のように基準が明確なものでは決して起きない反応である。スケートボードも、ギリギリ大丈夫だ。あぁ、体勢を崩さず降りられたらいいのね、と私でも数本見ているとと巧拙がつかめてくる。

しかし、ブレイキンは……素人には確かにてんでわからなかった。巧拙、優劣、出来・不出来が。つまり新しいものに関しては、「メリット」も「デメリット」もよくわからないのであり、逆に言えば、「メリット」がわかっているとしたらそれは、既知の見慣れたものに対してのみ、過去の杵柄に対してのみ、ということになる。

そういうわけで、〝私たちは「メリット」を求めている〟――が正だとしたら、過去の話から未来を考えようとしているのか……うむ……といった具合に、疑ってかかっていい。というか、疑ってかからねばならない。

これまでの延長線上でない未来を本当に求めるのであれば、絶対に。

48.「批判は『本当に腹立たしかった』パリ五輪を騒がせた〝0点パフォ〟誹謗中傷も受けた豪ブレイキン選手が胸中激白」CoCoKARAnext ２０２４年９月９日公開 (cocokara-next.com)

49.「『なんで彼は脱落したんだ?』ブレイキン予選敗退、19歳日本人への判定に『疑問』『才能は否定できない』海外から不満噴出」THE ANSWER ２０２４年８月11日公開 (the-ans.jp)

第20章 躊躇――躊躇うことを躊躇わない実践者であるために

正論が飛び交うコーヒーショップ

今日もコーヒーチェーン店で原稿を書いている。たいてい、空いていることが多いレジの真ん前の席に座る。

この日は、はじめてレジに立つ新人を、先輩が接客後に逐一指導していた。「ここにドリンク置いて万一こぼれたら大変だよね？　こっちに置いて」など、もっともな指摘が聞こえる。一方で、『『レシートお返しします』ってさっき言ったけど、レシートはこっちから渡すんだから『レシートです』にして」という指導も入る。たしかに。ちなみにその人はことばになかなかこだわる人だ。お客さんが「ブレンドコーヒーのアイス」と頼もうもんなら食い気味に「アイスはブレンドもアメリカンもなく、『アイスコーヒー』なんですが？」と返す。間違ってはいないのだが、見ていると、その返しにたじろぐ人も少なくない。

ことばへのこだわり。

もっと言えば、ことばの「正しさ」へのこだわり。

これは面白いものだなぁと思う。もしかすると、似て非なる部分がありながら、ことばにうるさい、という意味では私もひとごとではないからかもしれない。

よくしようとして、悪くなっていないか？

というのも、「『よりよい社会』と言うならば」連載では口を酸っぱくして、「高い能力」「成長」「自立」「タイパ」「リスキリング」「ウェルビーイング」……などの一般的に〝良し〟とされていることばが、その本来持つ多義性をそぎ落とされ、単純化されたまま称揚されていないか？　と訴えてきた。

たとえば、人事コンサルタントならば「これからは『ウェルビーイング経営』ですよね」「やっぱり『リスキリング』ですよ」などと時流に乗って言っておけば、丸く収まることも多い。だがこの連載では意図をもって、「ウェルビーイングってそもそも何でしたっけ？」「リスキリングの最初の使われ方、登場の背景を踏まえていますか？」などと、ことばの多義性を開き直してきたつもりだ。

さらになぜことばの多義性を解きほぐしたかといえば、周りを糾弾したいからでは毛頭ない。一元的な「正しさ」に閉じることが、多くの生きづらさを生み出しているとの思いから、開こう、開こうと試行錯誤してきた。冒頭の「アイスコーヒーって言わないとダメ！」とか「これはすばらしい！」は本当か？　を大前提としてきたわけだ。ものごとはそもそも多義的で複雑だとしたうえで、ことばが単純化し、釣られて社会が不寛容になっていくことへの危惧を示してきたのだ。

そうして連載タイトルの「よりよい社会」なんてことばまでも、自明なようで案外、目指しているつもりがかえって、世の中は悪くなっていやしないか？　と大胆にも問わせてもらった。心地いいのはことばの響きだけになっていないか？　しんどい人はしんどいまま、むしろ口を塞いでいないか？　としつこく。連載でのことばを改めて使うならば、「分けて」、「分かった」気になることにもっと慎重であるべきではないか？　という自戒を込めた。

ここで改めて、お読みくださった皆さまに御礼申し上げたい。同時にこれはただの屁理屈《へりくつ》ではないと信じたい。

余談だが、屁理屈と言えば（と言うと怒られるかもしれないが）、ここ最近のとある「構文」を想起する。政治屋なのか政治家なのか、とか、理屈なのか屁理屈なのか、構文として〝良い〟のは石丸《いしまる》（伸二《しんじ》）氏か（小泉《こいずみ》）進次郎《しんじろう》氏か、などについてここでコメントするつもりはないので安心してほしい。

ただつくづく、二項対立的に良し悪しを捉える思考や言論の癖というものの根強さを感じる。二元論はわかりやすい。何かと何かを対比的に評するやり口も、一見すると明晰《めいせき》な印象を受けやすい。

全体性を探して

しかし私は、物事に一元的な正しさがあると思っていない。光があれば影があり、それも含めてそのものであり、全体性なのだと思っている。何かと良し悪しについて人は雄弁に語るが、理屈とも屁理屈とも言えない、単なるディベートの域を越えない。巨人の肩に乗るならば、スピノザが『エチカ』において、そのもの自体はどれも完璧であり、良し悪しというのは組み合わせの問題だと語ったとおりである。ないしは、２０２４年2月にRe:Ronが開いたトークイベント「Re:Ronカフェ」で対談させていただいた松本紹圭《まつもとしょうけい》氏がおっしゃっていた、仏教の「無我」ともつながる。無我とは滅私せよ、という意味ではなく、自己はあくまで周りとの関係性によって立ち現れ、七変化するものである、との示唆は目からうろこが落ちた。

だからと言って、なんでもあり！　とも言っていない。「分けて」「分かった」気になり「分け合い」を決める社会原理は当然なくては困るのだが、その際に、いくばくかでも〝本当にこの「分け方」でいいのか？　この議論の仕方で全体性を語れているか？〟と自問自答する躊躇いを持ちたい、という話をしている。私たちが「わかりやすさ」や「分かる」ことを優先させた結果、今、どんなことがあたり一面で起きているだろうか？　と一度深呼吸しながら振り返ることが欠かせない。

言い換えれば、どうせ「分ける」のなら、ちまちまと理屈に屁をつけたりとったりするのではなく、眼下のさまざまな事象の整理のために行いたい。たとえばだが、視界がクリアだ、と一口に言っても、雨天に車のワイパーを使うことで視界がクリアになったのか？　はたまた、いつの間にか雨がやんだのか？　などの状況整理は、社会の公正を考えるうえで不可欠だ。変えられるもの、変えられないものなどを「分け」ないままに、成否を個人に、それも「能力」に還元するようなやり方はただの「分断」の助長である。

言い淀み、二の足を踏みながら

躊躇《ちゅうちょ》、逡巡、迷走、落胆、葛藤……これらは忌避され、「わかりやすさ」やタイパ、生産性……が礼賛される今こそ、私はこの〈躊躇うことを躊躇わない〉ことの実践者でありたい。

立て板に水のごとく、あーでもないこーでもないと、ことばの定義にこだわっているふうに自分語りをするほうが、わかりやすく「主体性」や「リーダーシップ」の発揮を見せつけることができる社会。その中にあってわざわざ立ち止まって考え、言い淀《よど》みながら思いをことばにするなんて、割に合わないと思うかもしれない。

その気持ちは痛いほどわかる。わかるからこそ、私はこれからも言い淀みながら、たくさんの人とおしゃべりし、うなりながら書いていこうと思う。

過日登壇したあるシンポジウムで、文化人類学者で九州大学教授の飯嶋秀治《いいじましゅうじ》氏が、米国の心理学者カール・ロジャーズを引きながら、「言い淀み」の価値についてお話しされていて、誠に留飲の下がる思いだった。心の奥底をのぞきながら、ことばにならないことば、その人の琴線を拾っていくこと。これは流暢でうまいことそれっぽさを演出する話術では到底触れることができない。触れられなければ、ともにヴァイヴレートする（響き合う）こともできない。

そんなわけで、私からの弁舌はもうじゅうぶんかと。この先も朝日新聞デジタル言論サイトRe:Ronにおいて、いろんな人がいろんな立場から、必ずしも上手ではない表現であっても、広く届け合うことに期待したいと僭越《せんえつ》ながら思う。間違っても新聞は「正しさ」を流布する場ではない。言語優位な雄弁家たちに「正しさ」を議論させるのも違う。

うまく注目を集めるなんて術《すべ》は持たずとも、実直に、日々社会を形づくってくれている人たちから教わることが私にはまだまだある。さて、組織開発の現場に戻るとする。

（2024年7月22日公開）

エピローグ

ってことですよね構文

「……ってことですよね？」

コンサルファームにいた頃、自分の感覚とズレる部分なんてのはごまんとありましたが、中でも最も強い違和感がありながらも、最も日常的で、かつそれをやらないと評価されない組織文化がありました。それは、「ってことですよね？」構文です。なんのこっちゃですよね。

どういうことかというと、社内外の他者の発言に対して、最後まで聞かずに、相手が話し終わる0コンマ数秒前倒して、二の句を予測して返答するしぐさのこと。うまくいけば、「察しのいい奴」「話の早い奴」として、評価されます。要するに、鋭く、賢い人認定を受けることができる。もちろんスキル要件はこんなことだけではありませんが、専門性以外に日常会話で絶えず問われていたのはこの反応的コミュニケーションであったと記憶しています。

私も評価されないことには立場がないので、頑張って真似《まね》ていました。当てに行く感じ。パターン認識（学校のテストで問われる知力的な）が試され、外したときの決めつけ感へのスリルもあるし、逆に当てたときの快感ときたらたまらない。

いまはもうその構文はメジャーではないかもしれないし、当時も私が意識しすぎていたのかもしれない。でもいまだに忘れられない、組織文化との出会いです。

「ものわかりの悪いコンサル」

だからこそ、独立以来、最も気を付けていたのは、日常会話に染みついたこの構文を止めることでした。ばかばかしく聞こえますが、大真面目に予測を手放す特訓に励みました。

容易ではありません。「あーはいはい」と途中でなりそうなことも多々ありましたし、相手が「鋭い切れ味」のようなものをこちらに求めている気配を感じることもあります。

でも私は、「ってことですよね?」構文も、切れ味という名の一刀両断しぐさも、自分がされてすごく嫌だった。だから相手の話を最後まで、何なら声にならない部分も含めて聞いていてただその場に居る。洗練とは程遠い、謎の「ものわかりの悪いコンサル」であろうと努めてきました。


能力主義のメッカのような場所に居つきながら、人知れず能力の断定や他者比較、序列化などの違和感と抗ってきた足跡。

そんな日々に、とどめを刺したのが、見つかったときにすでにステージⅢCだった進行乳がんでした。がぜん、岐路に立たされたと言ってもいいかもしれません。

まさにこのときを境に、これまで滅私させられ、違和感で窒息しそうだったのに抜けることができなかった能力主義のどつぼから、満を持して距離を取ることになりました。もとい、距離を取らされた。なぜか。

その心は思いの外シンプルなものです。

能力主義の無力さ――構文再び！

能力主義をはじめとする「分けて」「分かった」気になり「分け合い」を決めることは、進行がんの闘病において、何の希望の足しにもならなかったからです。薄々感じ続けていた違和感が、いよいよ絶望的に思えました。

「いい薬がちょうど保険適用になりました。

治験で1／3の人の無病期間を延ばした代物です。

このままいくと、5年生存率は……

まぁでもその薬、保険が効いても1日1万6000円強するんですけどね。

命より大事なものはないですよね？」

いかに予測や確率論といったサイエンティフィカリーに「正しい」話、命の尊さといった「正義」論を医療者にされても、私の中の、生きる希望はびくともしない。「EB（エビデンスベースド）」で「データドリブン」な見解や、誰もが信じて疑わない「正義」は、私を突き動かすどころか、聞けば聞くほど、身動きを取れなくさせていました。

さらに、抗がん剤や分子標的薬治療の苦しみについて、診察時に医療者へ語ろうとした、0コンマ数秒前に、まさかの、この聞き覚えのある返しを食らう。

「気持ち悪いですよねぇ」
「痛いですよねぇ」

あの……まだ私はしゃべっていないのですが……。
こんなことを言って、嫌な患者だとわかっています。でも、「ってことですよね？」構文は、命の尊さを訴える人の口から、命の尊さが身に沁みている人にも平気で向けられてしまうのです。

頭が真っ白になって、身体もただの入れ物と化したとき。私は、誰かが持っているはずだと信じてきた「正解」や「予測」、「生産性」……ここで描いてきた20の問いを突き付けられ、自由へとつづく分岐を選びました。

ゆえに、本書の20の問いは私にとっても、人や物事を「分けて」「分かった」気になるのをやめるためのリハビリ的問いであり、その葛藤の記録と言えます。他人の軸や他者評価、他者比較からの自由。よくわからないけど、生かしてもらえる限り、生きていく。私のことは私が一番、大事にする。そんな、能力主義界隈の相手からしたら、

「ってことですよね？」

とおよそ二の句が継げないであろう方針を打ち立て、試行錯誤することにしたのです。

岐路に立ち、弱いまま生きる

その後、相性のよい薬と出合い、また、かつての葛藤について書けば書くほど、「よくぞ言ってくれた」「待ってました」と反響をたくさんいただきました。手紙やカード、DM、メール、トークイベントへの来場……本当にありがとうございました。その温かさもあいまって、みるみる体調がよくなるから摩訶不思議。誰が予測できたことでしょう。

人類学者の磯野真穂《いそのまほ》氏に伴走いただいた初作『「能力」の生きづらさをほぐす』を発表した以降、『働くということ――「能力主義」を超えて』、『職場で傷つく――リーダーのための「傷つき」から始める組織開発』を立て続けに上梓。4作目は学校教育における能力主義を再考する対談集として『「これくらいできないと困るのはきみだよ」?』(東洋館出版社)を昨年末に刊行しました。

私の中にたまりにたまり、沈殿し、こびりついた違和感を吐き出すこと。能力主義的な価値観で行けば、一蹴されて、岐路であるとも気づかなかったかもしれない。けれど私は確かに、自分の中に息づくものを取り戻すことを選びました。その跳躍を、朝日新聞デジタルのRe:Ron編集部の皆さまも、朝日新聞出版の森鈴香さんも、両手を広げて受け止めてくださいました。私を生き直すプロセスの恩人です。心よりお礼申し上げます。

プロローグに、こう書きました。社会の真の包摂のために、

✔違和感をなかったことにしないこと
✔未来の希望のために、現状を問い直すこと
✔それを発信し、議論すること
✔それが仮にもできるなら、その特権性に自覚的であること
✔一連の恩恵を、口を塞がれ、光が当たらない人のために還元すること

が必要で、自分は永遠の未完のまま、「ものわかりが悪い」と笑われても、一歩を踏み出すのだと。

これが可能であることの特権性にじゅうぶんに自覚的になったうえで、これからはさらにいろんな方と議論していきたい。本は書きっぱなしではいけないと思っています。「Re:Ronカフェ」のような場や、まだ見ぬ対話の機会を妄想しています。ぜひそこでお会いしましょう。そして、今の暮らしは公平な競争の結果だと思い込んでいる社会で力のある人がいたら、その方々へぜひ届いたらと思います。

そうして、うまくことばにならない方、ことばにして変革を起こす時間や体力が限られた方に、愛をお返しできたらと願います。「よりよい社会」に向け、生き抜くのではなく、生き合いの岐路。私はまったく絶望していません。

2024年12月　勅使川原 真衣

本書は「朝日新聞デジタル Re:Ron」の連載『よりよい社会』と言うならば」（2023年6月19日から2024年7月22日）として公開した原稿に大幅に加筆・修正したものです。連載公開分には、章末に公開日を掲載しています。また、登場する人物の肩書や所属、企業名、団体名などはそれぞれの執筆当時のものです（一部に書籍化時に補足説明を加えたものもあります）。会話文や事例・エピソードなどの人物及び会話の内容はプライバシーに配慮し、改変しています。

岐路に立つあなたへ贈る
読書案内

『迷いのない人生なんて　名もなき人の歩んだ道』

共同通信社 編
2024年　岩波ジュニア新書

冒頭の「私が知りたいのは『くじけない心』を持った強い人よりも、弱さを抱え、迷いながら生きている人なのだろう」——に一気に惹き込まれる。私もだし、本書をお読みの少なくない方が共感されるのではないだろうか。成功者の哲学、偉人伝と対比したごく一般的な人々の「葛藤や後悔、自己嫌悪といったネガティブな感情」の記録。迷える人生の歩み。どのエピソードも大切なその方の「岐路」に他ならない。子どもにも語り継ぎたい一冊。

『往復書簡 限界から始まる』

上野千鶴子・鈴木涼美
2021年　幻冬舎

能力主義社会で言うところの頂点に限りなく近い識者と、気鋭の文筆家との往復書簡。そんじょそこらのおあつらえ向き対談集の類では毛頭ない。「弱者嫌悪」ということばが早々上野氏から鈴木氏に向けられ、「優秀さ」「強さ」の鎧がひとつずつ脱がされていくような一冊。そしてその過程は決して他人事ではなく、読者ひとりひとりにも紛れもなく突きつけられた問いの集積。弱者嫌悪から漏れ出る家族への愛と憎しみ、それを奥行のある知性が受け止め、文筆家に再度問いという愛のかたちで報いていく。生々しくも「生き合う」ことが詰まっている。

『能力で人を分けなくなる日　いのちと価値のあいだ』

最首悟

2024年　創元社　「あいだで考える」

創元社の「あいだで考えるシリーズ」の一つ。最首悟氏がご自身の四女で重度知的障害者の星子さんとの日常ややまゆり園事件の植松被告との手紙や面会のやりとり、水俣での交流などを通じて得た思いを、3人の中高生と語らった記録。「頼り頼られるのはひとつのこと」や「能力主義」を超えて自身の「弱さ」から目を逸らさずに「人を信じる」とはどういうことか。生きるとは？　死ぬとは？　まで話題は及ぶ。最後に語られる「死んでもなお生きている」の話はまさに、私が初作『「能力」の生きづらさをほぐす』（どく社）から変わらず言わずとも思い続けている世界観。真面目な話、中高生の教科書にしてほしい。

『ケアとは何か　看護・福祉で大事なこと』

村上靖彦

2021年　中公新書

ソーシャルワーカーや医療従事者、ケアを受ける人々などへのつぶさな聞き取りによって、支援の現場がありありと、現象学的手続きから描かれる。著者はケアを「人間の弱さを前提とした上で、生を肯定し、支える営み」と定義する。その「支え」とは、何か物理的に導くとか、答えを出すといったことでは何らない。ときに「不条理の空虚」に投げかけられる途方もない状況にある人の「聴き手」であることも、じゅうぶんに立派なケアである。そう訴えかけられる、現場の生の語りは、本書のなかでも特に、涙なしには読めない（私は徹頭徹尾、なぜか涙が止まらなかった）。自身が、死をある程度身近に考える病いと闘っていること、周囲にはそうした私を支えてくれるケアラーがいてくれることが、どうしたって影響しているのかもしれない。

どの立場であれ、拙速に結論づけずに、当事者に寄り添うことの尊さ、その線の細さこそがリアリティであり、頭を殴られたような衝撃でもって、生き合いを考えさせる。

『経営学の技法 ふだん使いの三つの思考』

舟津昌平

2024年 日本経済新聞出版

ただ知識を得る専門書ではない。狭窄しがちな視野が開け、自分が変わるための道筋が照らされた稀有な一冊。まるでアカデミアで他者とともに学び合い、問い続けるかのごとく。この形へのこだわりは、舟津氏の学問的先達への敬意の表れだと想像する。同時に、経営学と銘打たれているが、意外にも本書の半分は愛でできていると推察する。ここまで他者とともに生きることを統合的に、ときに愉快に、易しく、優しく書くのは……著者の愛に他ならないからだ。この本を読んでふと、愛という字は「まな」とも読むことを思い返した。そして、学ぶとは愛ぶなのかもしれない、とすら思えてきた。

『まともがゆれる 常識をやめる「スウィング」の実験』

木ノ戸昌幸

2019年 朝日出版社

「社会を断罪してもしょうがないし、人ひとりが生きるということにセオリーや方法論なんてない。本書が、固定化された『まとも』を見つめ直し揺らしたりずらしたり、このろくでもない社会に傷付き戸惑う心優しき人たちの生きづらさを緩め、一息つきながら生きてゆくための少しのヒントになれば」との冒頭の語りどおりすぎる一冊。この本が好きすぎて著者と「スウィング」のメンバーに会いに京都まで出向いたほどだ。障害者支援というと、「悪意なき矯正」がつきものに思われがちだが、スウィングは違う。「ギリギリアウトをセーフに。どうしようもない弱さを強さに。そしてたまらん生きづらさをユーモアに。」をモットーに、がちんこで実践を続けている。尊敬しかない。

『教室マルトリートメント』

川上康則
2022年　東洋館出版社

虐待とは呼べないが、適切なかかわりとは言えない、「あいだ」の問題としての「教室マルトリートメント」。著者の指摘と提案は、学校教育に何ら限らない普遍性があり、組織論書として私は愛読する。マルトリートメントの根っこに跋扈する相手をコントロールしようとする欲望を、著者は自分自身の「不安」の表れであるためだと言う。その不安は個人の心理的、内在的な要因のみならず、社会や学校教育の構造的問題とも地続きである。相手を管理統制し、先を予見できる形に整えることこそが教師の「指導力」にすり替わっていないか？　といった問いは、私たちそれぞれが置かれた文脈で一考の余地が大いにある。これを現役の教師が冷静に指摘し、障壁を乗り越えようとしているところに、愛を感じる。

『彼女は頭が悪いから』

姫野カオルコ
2021年　文春文庫

2016年の東大生集団わいせつ事件に「着想を得た」フィクションであるが、行き過ぎたメリトクラシーや男性中心主義社会、それらを含めて社会階層が再生産されていく様に、これほどまでに鋭い光を当てた作品があるだろうか。「頭のよさ」や「育ちのよさ」と一般に呼ばれるものが実は、自分とは異なる軌跡を歩んできた人への想像をめぐらすことや、迷ったり、躊躇《ためら》ったりすることを遠ざけてきた証に過ぎないのだとしたら。ゆえに脊髄反射的に「答え」や「正解」ふうのものを導くのがうまいだけなのだとしたら。虫《むし》唾《ず》が走る。間違いなく、私たちの、社会の「岐路」にはっとさせられる作品。フィクションの力がみなぎる。

勅使川原 真衣　てしがわら・まい

一九八二年、横浜市生まれ。組織開発専門家。おのみず株式会社代表。東京大学大学院教育学研究科修士課程修了。ボストンコンサルティンググループ、ヘイグループなど外資コンサルティングファームでの勤務を経て、二〇一七年に独立。企業をはじめ病院、学校などの組織開発を支援する。また、論壇誌やウェブメディアなどにおいて多数の連載や寄稿を行っている。著書に、紀伊國屋じんぶん大賞二〇二四で第八位となった『「能力」の生きづらさをほぐす』（どく社）のほか、『働くということ──「能力主義」を超えて』（集英社新書）、『職場で傷つく──リーダーのための「傷つき」から始める組織開発』（大和書房）、『「これくらいできないと困るのはきみだよ」？』（編著、東洋館出版社）がある。二〇二〇年に乳がんと診断され、闘病中。

格差《かくさ》の〝格《かく》〟ってなんですか？

無自覚《むじかく》な能力《のうりょく》主義《しゅぎ》と特権性《とっけんせい》

二〇二五年一月三十日　第一刷発行

著　者　勅使川原真衣

発行者　宇都宮健太朗

発行所　朝日新聞出版

〒一〇四-八〇一一　東京都中央区築地五-三-二

電話　〇三-五五四一-八八一四（編集）

〇三-五五四〇-七七九三（販売）

印刷所　大日本印刷株式会社

定価はカバーに表示してあります。

落丁・乱丁の場合は弊社業務部（電話〇三-五五四〇-七八〇〇）へご連絡ください。
送料弊社負担にてお取り替えいたします。

Published in Japan by Asahi Shimbun Publications Inc.

ISBN 978-4-02-332386-5